罗耀先◎主编

实施版

即学即用

捕捉儿童敏感期

不可错过的蒙氏早教课

中国人口出版社
China Population Publishing House
全国百佳出版单位

图书在版编目（CIP）数据

捕捉儿童敏感期：实施版／罗耀先主编．--北京：中国人口出版社，2013.12

ISBN 978-7-5101-1760-2

Ⅰ．①捕… Ⅱ．①罗… Ⅲ．①儿童教育－家庭教育 Ⅳ．①G78

中国版本图书馆CIP数据核字（2013）第281943号

抓住儿童的敏感期，是父母的责任！
天赋得到发展，是孩子的权利！

捕捉儿童敏感期：实施版

罗耀先　主编

出版发行	中国人口出版社
印　　刷	北京睿特印刷厂大兴一分厂
开　　本	1020毫米×710毫米　1/16
印　　张	14
字　　数	120千字
版　　次	2014年5月第1版
印　　次	2014年5月第1次印刷
书　　号	ISBN 978-7-5101-1760-2
定　　价	28.80元

社　　长	陶庆军
网　　址	www.rkcbs.net
电子信箱	rkcbs@126.com
电　　话	(010)83519390
传　　真	(010)83519401
地　　址	北京市西城区广安门南街80号中加大厦
邮　　编	100054

CONTENTS | 目录

Part 3 动作敏感期（0~6岁）

Part 4 关注细小事物敏感期（1~4岁）

Part 5 秩序敏感期（0～4岁）

Part 6 社会规范敏感期（2～6岁）

Part 7 书写与阅读敏感期（3.5~5.5岁）

Part 8 文化敏感期（6岁及以上）

Part 1 语言敏感期(0~6岁)

意大利教育家蒙台梭利博士认为语言是自然赋予人类的一种本能，但也有超乎自然的部分。幼儿周围的成人并没有刻意地教孩子语言，然而人类的语言对婴幼儿而言，就如同人间最美妙的音乐。他们生命内在有一种自发的力量，让语言在他们尚不能表达和自由活动时，就开始被吸收，储藏。

01 LESSON 语言初建期：简单重复与模仿（0~2.5岁）

典型现象的捕捉

现象一：咿咿呀呀说“婴语”

婴儿在0~8个月，孩子就具备了惊人的语言模仿能力。给孩子有声的玩具，孩子就会发出“咿咿呀呀”的声音，尽管大人的话他还听不懂，但他却在为听懂做积累。

现象二：用“蒙”的方式简单模仿

9~12个月的孩子对周围的声音会更加敏感，他们开始进入语言理解阶段，经常会在不经意之间模仿大人说的某一个字或发音简单的词，但认真教他时他又说不出来，之前突如其来的模仿在家长看来完全靠“蒙”。

现象三：词汇的简单重复

1岁左右的孩子开始学习语言，喜欢简单词的重复，往往乐此不疲。

比如，他会重复不断地喊“妈妈”，可是当你过去之后他却只是对你笑笑，然后继续自己玩儿，当你走开后他又开始叫。简单词汇的重复一直会到2.5岁才会结束，因为这段时间的孩子会用简单的词代替整句话，渐渐过渡到会用简单的句子表达自己的需求。

现象四：刻意并擅长模仿大人

1～2.5岁的孩子已经非常善于模仿大人说一些简单的词了，无论从语气还是神态都模仿得有板有眼，而且不管大人说什么都会学，无论是“好话”还是“坏话”都照单全收，经常搞得大人哭笑不得，有时还很尴尬。比如，你无意间说了句“烦！”，结果被他听到了，他在一段时间看到谁都会“烦、烦……”地重复，让你尴尬无比。

蒙氏理论解析

1.婴儿语言模仿一般分为三个阶段

大家都以为刚出生的孩子什么都不懂、什么都不会。其实，在婴儿时期，他们就具备了很强的语言模仿能力。这种模仿分为三个阶段：

(1) 对声音的反应阶段。这一阶段孩子能发出“咿咿呀呀”的声音，但还听不懂语言，父母应该多与孩子交流，给孩子有声的玩具，让孩子接触各种特征的声音。这有助于孩子大脑的开发，为语言的发展奠定基础。

(2) 对声音的模仿阶段。这一阶段孩子对周围的声音会更加敏感，发音的能力也得到提高，能发出的辅音在增多。于是，他们常常会模仿大人的语音。这时父母应该鼓励并引导孩子进行多模仿，让他们的发音能力得到锻炼和提高。比如，对着孩子说句短语，然后自我模仿，诱导孩子跟随模仿；或者孩子发出一个语音，大人跟着模仿孩子。

(3) 表达思想的阶段。这一阶段孩子可以用语言表达意图了，这时，父母应该多与孩子交流，引导孩子模仿更多的词语，并注意提高孩子对词义的理解。比如，对孩子说出一个词语时，拿出实物让孩子直观，这样孩子就能把词语和它的含义建立联系，从而掌握词语。

2.重复是习得语言过程的常见现象

语言是人与生俱来的一种本能，正常、健康的婴儿都具备语言的天赋。婴儿一出生后，就“浸泡”在丰富的语言环境中，像海绵吸水一样，吸收着大量的语言信息。突然有一天，宝宝发现，有一个词能够和一个物品匹配后，会让他欣喜不已，于是，宝宝开始喜欢有意识、无意识地重复这种配对行为。这是儿童习得语言过程中的常见现象。

家长顺势引导

1.根据语言发展特点顺势引导

由于婴儿语言的模仿有三个不同的表现阶段，父母可根据这三个不同阶段的不同特点对孩子多加引导，从而让孩子的语言能力迅速发展。

2.引导孩子模仿优雅的语言

处于词汇简单模仿阶段的孩子会不停地模仿某个词或某些词，不管是什么词，在孩子眼中都没有好坏之分。所以，作为父母，应该尽量在孩子耳边说一些优雅的语言。这样，孩子模仿出来的词，也是优雅的。

但是，当孩子模仿的是不优雅的词语时，父母千万不能粗暴地阻止孩子的模仿，剥夺他的模仿权利。而是应该引导孩子模仿更优雅、更有意义的语言。给孩子创造一个优雅美好的语言模仿环境。比如，父母应该有意识地改变自己的语言，或给孩子读一些优美的句子，让孩子远离那些不好的语言。

3.孩子重复喊“爸爸”“妈妈”时不要生气

当孩子不停地喊“爸爸”“妈妈”时，千万不要感到心烦或不愿搭理。这只是因为他找到了一应一答的乐趣，就好像发现了“新大陆”一样。此时，孩子处于非常兴奋和敏感状态中。当孩子这样喊时，父母应该高兴，因为孩子正在进入语言敏感期。所以，面对这种情形，父母不要生气，不能用不耐烦来回应孩子，更不能以自己很忙为由拒绝回应。

游戏活动

跟我一起说

游戏目的：锻炼宝宝的听说能力，同时培养宝宝的思考能力。

游戏玩法：

1.家长先告诉宝宝游戏规则：一个人说，另一个人听，说完后请听的人将听到的内容重复出来。

2.家长先说一些简单的词，如蓝天，猫咪，凳子……

3.宝宝重复。

4.家长在宝宝熟悉游戏规则后，再说一些短语，如蔚蓝的天空，可爱的猫咪，红色的凳子……

5.宝宝重复。

6.让宝宝说，家长重复。

提示：听说游戏是要逐渐增加难度，一开始用简单的词语，然后根据宝宝的程度逐渐增加难度，提高宝宝的反应能力。让宝宝多做主导者，家长多重复，以此提高他的思考能力。

举一反三：游戏活动都是为促进宝宝智力而设计的，其实，形式和玩法不拘一格，家长可以举一反三，根据特定情境和宝宝特点进行变化或者自己设计。比如，可将本游戏演变成“我指你说”，即父母用手指着什么，宝宝就说什么，还可以逐步加快指点，提高宝宝口齿反应能力和游戏的乐趣。

02 LESSON 语言爆发期：词语、句子的使用（2.5~4岁）

典型现象的捕捉

现象一：感知与语言“对对碰”

1岁左右的宝宝已经能从一些无意识的简单发音过渡到有意识的发音，并且能够把看到的事物和发出的语言对上号。到了2.5岁以后，他已经可以将感知和语言匹配得非常好。

比如，他可以将飞机的跑道和航线，两种跟飞机飞行有关的概念分得非常清楚。

现象二：喜欢并能正确使用新学的一些词汇

2.5岁左右的宝宝已经会说一些词语和简单的句子，他喜欢用自己新学的词语和大人交流。

比如，他看动画片里的人物在遇到危险时说了句“大事不妙”，自己也会在碰见感觉危险的事情时说“大事不妙”。尽管大人觉得这些词语他还理解不了，但是聪明的宝宝的确已经将其掌握并运用得很好了！

现象三：会说整句话，进入句子的重复阶段

3岁左右的宝宝已经可以非常轻松地用句子来表达想法，这一时期的孩子还是喜欢模仿和重复，只不过进入了重复的高级阶段——句子的重复。他不断重复别人说的话，不管对方说什么、对谁说，他都要学，而且每一句都不错过。

比如，你对自己的宝宝说："天亮了，该起床了！"他重复"天亮了，该起床了！"你进而生气地跟他说："我是在说你！"他同样会重复"我是在说你！"他只是一味重复别人的话，而对表达的内容并不关心，甚至置身事外！

蒙氏理论解析

1.认知感觉同语言相匹配

通常情况，两三岁是孩子学习词汇的敏感期，他会把自己的认知感觉同语言相匹配。这个时期的孩子，有很强的语言匹配能力。他能从一个概念中导出一个名称，先学会用一个词，很快就学会用大人们的标准说法来表达自己内心的想法。比如，当孩子正在专心地玩积木，这时叫他，他就会说："我现在很忙！"

2.句子的重复模仿

当孩子能够把自己的认知与语言匹配时，他也喜欢上了鹦鹉学舌的语言游戏，喜欢用句子来模仿和重复别人说的话，语气和口吻都能模仿得惟妙惟肖。比如，孩子会模仿动画片里某个人的语气说话，这就充分表明，孩子不仅有表达句子的能力，还可以把自己的认知能力表达出来。

家长顺势引导

1.赞扬并强化孩子认知与语言匹配的能力

如果你发现自己的宝宝可以将感觉认知与语言能够匹配时，作为父母应该感到高兴，并且应该表扬他，当他在一遍一遍地让自己的认知感觉同语言匹配时，父母应该欣赏孩子，鼓励孩子，给孩子以信任，并适时通过正确的引导和指引来强化孩子的这种正确认知。

2.多用语言鼓励孩子

家长可以利用孩子善于模仿重复别人语言的敏感期，用语言来鼓励孩子。比如，对孩子说："宝宝，你真棒！""你真勇敢！"孩子也会重复父母的这些话，并且把这些话记在心里。在以后的日子里，孩子也会想起这些话来。当孩子遇到什么困难时，也许就是儿时父母对他说的那些鼓励的话让他战胜困难。

3.让孩子学会重复

在孩子喜欢重复和模仿时，父母不应该觉得烦，而是应该有意识地多与孩子交流，引导孩子重复一些话，以此来训练孩子的语言表达能力。比如，晚饭后可以与孩子说说话。开始的时候，说一些孩子已经会说的话，像"爸爸开车""宝宝上幼儿园""老师再见"等，父母每说一句，孩子也要跟着说，而且有时候你会发现孩子还比较兴奋，甚至手舞足蹈，开心大笑等等。这时，父母也可以再教孩子说一些新句子，比如"妈妈打电话——喂喂喂""小狗大叫——汪汪汪""青蛙唱歌——呱呱呱"……孩子会觉得这些带有象声词的话比较有意思，也喜欢重复。其中有些话孩子可能还说不清楚，父母要耐心地多重复几次。

4.父母要注意自己的口语表达

孩子模仿的语言、重复的话几乎都来自于日常生活。他在这一段敏感期内，会模仿口语，练习口语，并感觉语言的音韵，不断地重复语言，在使用的过程中把语言内化。这是孩子学习语言必经的过程。所以，父母一定要注意自己在日常生活中的口语表达，一定不要太随意，要谨慎，要说规范的、准确的、文明的语言，要给孩子创造一个干净的语言模仿环境。

游戏活动

一起来造句

游戏目的：提高宝宝的语言智能，理解词语的抽象关系。

游戏玩法：

1.家长说出主语的话，宝宝接跟主语相关的动词；反之亦然。

2.家长说：“皮球”，宝宝说：“滚动”。

3.家长说：“小鸟”，宝宝说：“飞”。

4.家长说：“蹦蹦跳跳”，宝宝说：“兔子”。

提示：反复进行这个游戏，孩子就能逐渐领会主语与动词之间连贯的关系，能发展孩子的造句能力。

举一反三：2.5~4岁为句子掌握阶段，宝宝开始理解词语间的抽象关系，家长可以随时随地编制出各种造句的游戏和宝宝玩，提高宝宝的语言能力和抽象思维能力。

03 LESSON 诅咒语言敏感期：发现并验证语言的力量（3~4岁）

典型现象的捕捉

现象一：学会骂人

宝宝开始变得不乖，嘴里也开始变得“不干净”。其实，宝宝基本知道自己在说什么，但还是喜欢满嘴脏话，任你怎么劝阻甚至打骂，都不肯改。

比如，他学会了说“笨蛋！”“滚！”等等，你的制止和管教，他根本不听，真觉得无奈。

现象二：发狠诅咒

为了表达不满和愤怒，宝宝甚至觉得骂人还不过瘾，于是语言开始变得暴力凶狠，咬牙切齿地诅咒。

比如，他一不高兴就会说“我打死你！”“一枪嘣了你！”“你个丑八怪！”等等，这些话成了宝宝的口头禅，你心烦，但他自己却觉得很过瘾！

蒙氏理论解析

随着语言能力的提高，孩子已经不满足于重复和模仿了，探索和尝试中，他发现了更多的语言奥妙：

当他发现一句话能够表达一种意思时，会喜悦不已，于是便不断地重复应验；尔后，他又会发现语言是具备力量的，会产生那么强有力的效果，会让听者发火或伤心，于是，他又会重复应验，甚至开始尝试用这些具有力量的话来进行攻击。这时，语言敏感期的诅咒语言敏感期就悄悄到来了。

家长顺势引导

1.正确看待，明白孩子并非在学坏

很多父母认为孩子说脏话和诅咒是在学坏。其实，孩子本身可能并不明白这些话的含义，只是看着别人高兴或不高兴的时候这么说，他也就学着说了。他这么做不过是想引起别人的注意，或是宣示自己的个性而已，而不管别人的反应是好还是坏。

2.学会冷处理

很多孩子之所以以说脏话为乐，就是因为父母对此表示过震惊和惊慌，甚至还威胁他说，如果继续说脏话，将如何去惩罚他。这对孩子反而是一种刺激，他就会更加感受到诅咒语言的神奇力量——“啊，原来这样就可以引起他们的注意啊！”于是更喜欢去说这样的话。

一位教育家曾指出，处于语言敏感期的孩子对效果强烈的语言是很敏感的。很多骂人的语言被这个时期的孩子使用，就是因为成人的反应太过强烈。如果成人没有反应，儿童就不感兴趣了。所以，如果父母对此不予理睬，不急着纠正，而是继续做手边的事情，孩子看不到预期的效果，过一段时间就会放弃这种“有力量”的语言了。

相反，如果你将孩子的这种行为视为洪水猛兽，强行地去制止孩子的“恶劣”行为，对孩子大发脾气、动手打孩子……那你就输了！你只会更

加刺激他，即使孩子在你的“淫威”下闭嘴了，但在心里却留下了难以愈合的伤疤！

3.学会反省，杜绝脏话源头

处于语言敏感期的宝宝，说脏话骂人诅咒等不好的语言一定是从哪里学到的。父母要从孩子所处环境出发，去寻找脏话的源头。更要自我反省、以身做则，杜绝脏话从自己的嘴里说出来，给孩子一个干净的语言环境，孩子听不到不该听的，自然也就不会去说！

游戏活动

词语换换看

游戏目的：帮宝宝度过“诅咒”敏感期，锻炼宝宝反应能力。

游戏玩法：

1.家长在纸上写上宝宝爱说的脏话和粗话，比如“笨蛋”，然后对宝宝说：“我们来玩词语换换看的游戏吧，谁说错了就要被刮一下小鼻子哦！”

2.家长讲解有关规则：在所有要说到“笨蛋”时都要用“糖豆”代替。

3.征得宝宝同意后，家长把“糖豆”写在“笨蛋”的后面，然后贴在显眼的位置。

4.游戏开始，谁说错了就要被对方刮鼻子。

提示：对于宝宝平时爱说的脏话，可能孩子一时改不了，老受惩罚而被刮鼻子，可能就会让他失去游戏兴趣，家长可以自己有意识的先“犯规”，让孩子惩罚自己，这样孩子也就更加乐于进行这个游戏。

举一反三：也可以根据情况设计各种小游戏来改变宝宝爱说脏话的问题，比如，在生活中相互捕捉语言中脏话，被逮住的要付出代价或者逮住的获得奖励。这样，孩子说脏话的毛病就能在愉快的过程中改掉。

04 LESSON 自我语言期：自言自语与悄悄话（3~4岁）

典型现象的捕捉

现象一：特别爱“唠叨”，没事儿就“自言自语”

不管时间地点环境，你的宝宝总是想起什么说什么，连自己一个人玩儿的时候也会不停地唠唠叨叨，别人不理就自顾自地自说自话。

比如，3岁的宝宝一个人在床上坐着玩积木，一边玩儿一边自言自语：“我摆一个火车头，这个座位用红色的，这个用绿色的，方向盘放在哪里呢？就放在这吧……”只要没人打断他会一直唠叨下去。一心想把宝宝培养成绅士或淑女的妈妈，看到宝贝这么话多，头都大了！

现象二：悄悄话儿“悄悄”说

宝宝变得神神秘秘，特别爱说悄悄话，没事儿就爱爬在大人耳边说上一阵，但是这悄悄话也太静悄悄了，通常情况下你根本听不清他在说什么。

比如，你正在看报纸，你的宝宝跑过来对你说："妈妈，我给你说个秘密！"然后他就爬在你耳边"说"了一通，然后问你："听明白了吗？"可是你根本什么都没有听到，你让他再说一遍，发现他只是嘴巴在动而已，根本就没有出声。

蒙氏理论解析

自我言语的产生是婴儿由外部语言向内部语言转化的一种过渡阶段，这一时期也是人类一生中最需要进行语言交流的时期。一旦在自我语言时期孩子的语言交流受到阻碍，不仅影响到他的语言发展，还将造成孩子性格的扭曲。

和自言自语同时出现的现象还有"悄悄话"，随着孩子语言使用次数的增多，他会发现语言有很多种表达方式，既可以在很多人面前大声喊叫，也可以在两个人之间悄悄地说。所以，孩子就会通过这种无声的语言来感受语言的魅力。其实，"说"悄悄话也是孩子语言敏感期的一种特殊表现。

家长顺势引导

1.和自言自语的孩子进行对话

处于自言自语状态的孩子特别需要家长的引导，这时的父母应该保持耐心和关怀，而不能对宝宝的"唠叨"感到很烦，甚至阻止和训斥。而是当宝宝自言自语时，父母要主动加入到宝宝的语言中，与他进行对话，了解他的思想，发展他的语言能力。

2.要配合孩子

孩子喜欢“说”悄悄话，并且希望得到“听”话者的回应。尽管他“说”的话也许只是在你耳边哈的一口气，但是如果父母因为根本听不到任何内容而表现得茫然或不耐烦，孩子心灵受到伤害是必然的。而如果家长用欣赏的方式积极回应宝宝，当他“说”完后问你“听明白了吗？”时，愉快地回答“听明白了”，甚至借题发挥跟他说“你是不是说：妈妈我爱你啊？”你的孩子听了一定会很高兴的。

3.欣赏孩子的行为，与孩子一起来想象

当父母了解了孩子的“悄悄话”敏感期后，也可以利用孩子的这个悄悄话来引导孩子想象，进而更多地表达自己。这不仅会让孩子的语言表达能力得到很好的锻炼，而且也会促进孩子思维和想象力的提高。相反，如果父母不配合，还呵斥孩子的话，孩子的“悄悄话”敏感期就会很快消失，当然孩子的语言表达能力的提高也会受到影响。

4.主动与孩子讲悄悄话

如果父母能利用好孩子讲悄悄话这个敏感期，主动与孩子讲“有声”的悄悄话，用自己的爱心和耐心与孩子一起讲，一起成长，孩子的身心都能得以健康发展，也能够体会到悄悄话所带来的巨大快乐。

因为这种说话方式很容易吸引孩子的注意力，而且孩子也会愿意以同样的方式与父母交流。这样，孩子也会在悄悄话中与父母沟通情感，感受到父母对他的爱，语言表达能力的提高自然也是水到渠成的事情。

05 LESSON 语言与思维脱节期：小“结巴”别害怕（3~4岁）

典型现象的捕捉

现象一：平时说话很好，一兴奋就结巴

3岁以后的宝宝语言表达基本已经不成问题，一般的宝宝平时跟人交流都没有问题。但是有的宝宝人一多或者一兴奋，说话就开始不利索，结结巴巴，好像不知道该如何表达了。

现象二：家长批评越严厉，口吃状况越严重

每个家长都希望自己的宝宝聪明机灵，别人越羡慕越好。可是往往事与愿违，家长希望自己的宝宝伶牙俐齿，可他却偏偏笨嘴拙舌，甚至出现口吃。这时候家长往往恨铁不成钢地批评，可是越批评得严厉，宝宝口吃得就越严重。

比如，你带宝宝去参加亲朋聚会，亲戚家有个跟你宝宝年龄相当的宝宝非常活泼好动，说话干净响亮，而相比之下你的宝宝却显得沉默寡言，好不容易说两句话也结结巴巴。于是亲友开始拿两个宝宝作比

较，你也因为没面子开始大声苛责自己的宝宝，让他“好好说话，不许‘结巴’”，可是你越这样，你的宝宝结巴得越厉害，最后甚至因为压力太大，一句话都不说了！

蒙氏理论解析

通常，孩子在2岁左右时，一般只能说200来个词；到3岁时，他的语言发展非常快，能讲的词汇猛增到900个，能够使用主语、动词、形容词等表达比较复杂的意思；到4岁时，就增加到了1600个左右，就能和他人比较随意地交谈，在语言质量方面也有较大提高。所以说，三四岁的孩子，在语言方面的发展是非常迅速的。

尽管如此，这个时候孩子的语言表达能力仍处在流畅表达的初期，想说的话并不能很容易地完全表达出来，因为他并不能迅速选择与他的想法相匹配的词汇。另外，3～4岁的孩子已经开始有了逻辑思维能力，随着他们语言能力的提升与发展，他们希望用更好的语言来表达自己的想法和认识。但这个时候，孩子的语言储备却往往跟不上他们思想的发展速度。换句话说，就是孩子的语言和思维常常会脱节，于是就会以“口吃”的形式表现出来。当然，如果孩子比较兴奋，又急于表达自己的时候，也会出现“口吃”的现象。

其实，在这个年龄段的孩子身上出现的“口吃”现象并不是真正的口吃。随着他的成长，当他掌握的词汇量足以表达他的想法和思维时，“口吃”的现象就会消失。

另外，家长需要知道的是口吃是一种心理恐惧症。真正的口吃不是器官的功能性疾病，而是一种心理疾病。而孩子的口吃现象是在语言发展过程中，语言与思维的合理脱节。家长不用过分紧张。但如果家长像现象二中的家人那样，口吃就真的会给孩子留下心理阴影了。要知道，你宝宝虽然还小，但也是一个独立的、值得被尊重的个体。家长如果硬要拿自己宝宝的弱项和其他孩子的强项比，对宝宝是不公平的。宝宝被比得本来自信就少了很多，再加上他又处于语言发展的特殊阶段，如果家长的处理方法不当，可能会影响其一生的语言能力。

家长顺势引导

1.不讥笑、不斥责、不惩罚

当父母面对孩子暂时的“口吃”现象时，千万不要讥笑、斥责孩子，更不能打骂或是惩罚孩子，家长凶巴巴的样子会把孩子吓坏，孩子更表达不出来了。即使是下意识地要求孩子“好好说，别结巴”也是不可取的，这也会加重孩子的心理负担，让孩子产生更强的紧张和胆怯情绪，从而加剧孩子的“口吃”程度。

父母除了自己不讥笑自己的宝宝之外，还要给“口吃”的宝宝提供保护，不要让别人取笑他，当宝宝在努力交谈的时候，尝试减轻他可能感到的来自各个方面的压力。

2.要有耐心，学会等待孩子表达

大部分口吃是因为孩子语言和思维的合理脱节，他一时想不到用什么词汇来说明自己的想法，作为父母要摆正心态，不急不躁，有耐心，等待你的宝宝找到他想要表达的词汇。

3.不要让孩子注意到自己的“口吃”

当孩子“口吃”时，父母一定要有足够的耐心，不要把关注点放在孩子“话说得怎么样”上，应该鼓励孩子慢慢说，甚至可以将他带到一个比较安静的地方，这样你能够注意他，仔细了解宝宝想要说些什么。但在这些过程中一定不要模仿他，不要提示他，不要让他重新开始，以免宝宝注意到自己的口吃。

4.放低要求，给他一个宽松环境

在这个特殊时期的宝宝，需要家长为孩子提供一个宽松、自由的语言环境和空间，同时放松自己对孩子的要求，帮助宝宝顺利度过“口吃”的特殊阶段。比如，多和宝宝做游戏、唱歌，和他一起念有韵律的歌谣，教孩子一些健康向上的顺口溜，使语言活动变成一种乐趣；孩子一时说不上来时，父母可以给孩子一个微笑、一个鼓励，从而帮助孩子顺利度过这个特殊的敏感期。

5.对孩子持续的口吃现象不要掉以轻心

一般来说，孩子这个时期的“口吃”现象是语言敏感期的一种特殊表现，不需要治疗。但是，凡事都有例外。如果这种现象因为某些因素而持续下去的话，就比较容易成为口吃，所以，父母也不要掉以轻心。如果觉得有必要，就去正规医院做诊疗，弄清楚是心理原因还是生理原因，然后对症下药，配合治疗，以免影响孩子语言能力的健康发展。

游戏活动

绕口令

游戏目的：提高宝宝的口语能力，丰富词汇，提高思维和语言的配合度。

游戏玩法：

1.家长跟先跟宝宝一起玩耍或散步，让宝宝的情绪调整到最佳状态。

2.宝宝情绪变好后，家长对宝宝说：“今天我们来说一首好玩的绕口令好不好？”

3.宝宝同意后，家长开始背自己熟悉的绕口令或儿歌，比如《牛牛放牛》：

牛牛放牛牛真拗，越拉越抽越不走。

妞妞拿草喂拗牛，拍拍牛，点点头。摇头摆尾望牛牛。

为啥拗牛不跟妞妞拗，跟着牛牛变拗牛。

4.宝宝学会后，家长跟宝宝比赛，看谁说得清楚说得快。

提示：在一开始的时候给宝宝的绕口令和儿歌不要太拗口或太长，对宝宝的要求也不要太高，先从简单易学的入手，宝宝容易学会，信心就会大增。孩子在语言方面有了自信，也就不会再“结巴”了。

举一反三：要改善宝宝的“口吃”状况，可以通过教宝宝儿歌、绕口令、诗歌等有趣的语言形式来提高宝宝的口语能力，在反复的说唱比赛中，让孩子的口齿越来越伶俐。

06 LESSON 哭泣表达期：用“哭”的方式来表达想法（3~6岁）

典型现象的捕捉

现象一：睡醒或者害怕的时候会哭

3～6岁的宝宝已经基本能够表达自己的感受了，但是很多时候他还是选择用哭的方式来传递信息。

比如，宝宝一觉醒来，看到妈妈不在身边，她心里有点害怕，想要妈妈抱，她听到妈妈在隔壁房间说话，但是她却不喊妈妈，而是放声大哭。

现象二：表达需求的时候会哭

有的宝宝不光害怕或者着急的时候会哭，当他们内心有需求的时候也会选择用哭泣的方式。

比如，当你带3岁的宝宝去逛商场时，本来乖巧的宝宝，突然在一个柜台前停下来，目不转睛地盯着里面的玩具看，你怎么叫他都不走，你看出他很想要那个玩具，但是还是催促他快走，于是他便开始哭泣，他是在告诉你他真的很想要那个玩具。如果这时你大声斥责，他会哭得更加厉害；如果你鼓励他说出自己的想法，他可能会鼓起勇气告诉你。一旦他的愿望得到满足，下次再遇到类似的情况，通常宝宝会选择用“说”的方式，而不再只是“哭”。

蒙氏理论解析

在语言敏感期，有时候孩子会以哭泣的方式表达自己心中的委屈或是某种需求。他哭泣是为了引起家长的注意。父母应该读懂孩子的表达方式，并试着让孩子用语言表达来代替哭泣，而不能任由孩子用哭泣来发泄自己的情绪。因为在语言敏感期，孩子不仅要学习语言表达，还应该养成良好的思维方式。

家长顺势引导

1.不要斥责孩子

无论孩子是因为害怕哭泣还是因为内心有需求哭泣，作为父母都不应该大声斥责，那只会使他哭得更加厉害。如果父母一听到孩子哭就不问青红皂白地把孩子打一顿或斥责一通，对孩子幼小的心灵是一种严重的伤害，甚至会扭曲孩子的性格，抑制孩子智力的发展。

2.不要把责任推给无辜者

当孩子因为某种意外状况而觉得自己委屈，并用哭泣来表达的时候，父母一定要理智，千万不可以把责任推给无辜者。比如一个孩子不小心被石头绊倒了，可能孩子还没来得及或根本就没想到哭泣时，父母就马上跑过来，赶紧把孩子扶起来，嘴里还振振有词：“该死的石头，坏石头，把我们家宝宝绊倒了！”本来孩子没哭，听完父母这一顿说词后，竟然委屈地哭了。这种做法是把责任推给了无辜的石头，无疑是误导孩子的一种表现。

在孩子学习语言的敏感期，他不但要学习食物的名称等具体的知识，还要学习一些逻辑关系等抽象的知识。父母如果向孩子传达了一个错误的因果关系，就会造成他判断和认知的错误，认为是石头的错，而不是自己的错，进而学会把错误和责任归咎给别人，而觉得自己很委屈。

3.鼓励孩子用语言表达自己

父母在孩子的语言敏感期内要教孩子学会用语言表达自己，而不是用哭泣引起别人的注意。当然，这就需要父母在日常生活中注意对孩子加强引导。引导孩子用语言代替哭泣表达自己的想法，而不是用哭泣引起别人的注意。宝宝也会变得乐于表达。

Part 2 感官敏感期(0～6岁)

感官是感受外界事物刺激的器官，包括眼、耳、鼻、舌、身等。感官敏感期又叫感知觉敏感期。感官包括耳、眼、舌、鼻、身等，即听觉、视觉、味觉、嗅觉、触觉。它们的敏感期开始时间各不相同，各有特点。孩子从出生起，就会借着听觉、视觉、味觉、触觉等感官来熟悉环境、了解事物。3岁前，孩子透过潜意识的“吸收性心智”吸收周遭事物；3～6岁则更能具体地透过感官分析、判断环境里的事物。

01 LESSON 视觉敏感期：初识“花花世界”（0~2.5岁）

典型现象的捕捉

现象一：对光很敏感

刚出生的新生儿对光很敏感。出生不久的新生儿视力都不好，但是他们对光线却都非常敏感，他们既害怕强光的刺激，又喜欢盯着某一处射进来的光线聚精会神地看。满月的婴儿突然遭到强光的照射会害怕地闭上眼睛，而在一个光线柔和的环境里，他会对门缝里射进来的一束光线特别专注，甚至想伸出小手去捕捉那束光线。

现象二：只对黑白的事物有反应

出生头几个月的婴儿只对黑白的事物有反应，他们对于彩色的事物往往不感兴趣，但是对那些黑白相间的东西和斑斑驳驳的影子却非常喜爱。

比如，你认为宝宝都喜欢五彩缤纷颜色鲜艳的东西，于是兴高采烈地给两个多月的宝宝买来红红绿绿的几个大气球，你以为他会非常高兴，谁知道他只看了两眼就转移了视线，相反当他看到爸爸带回来的中间有黑色斑点的白色气球时却兴奋地玩了起来。

现象三：爱揉眼睛、对光反应不灵敏须注意

如果你的宝宝刚出生没多久就爱揉眼睛，并且当强光照来时没有明显反应，甚至眼睛的瞳孔有点呈现白色，那么你就要特别注意了，你的宝宝可能视力有问题。

比如，平常很乖巧的宝宝，却喜欢有事儿没事儿揉自己的眼睛，有一天家里来了个调皮的小表哥忽然拿手电筒照到了宝宝的眼睛，你以为他会很害怕，可是他却不哭不闹一点反应也没有，直到去医院检查才发现宝宝患有先天性白内障，这种病如果错过最佳治疗时间宝宝一生的视力都很难恢复的。

现象四：喜欢明暗对比强烈且有变化的事物

6个月以后的宝宝已经不能满足于静止的黑白世界，他们开始对有强烈明暗对比的事物感兴趣，而且这些事物如果从不同角度看有不同的视觉效果的话，那就会令他更加兴奋。

比如，你有一天拿回一张光盘准备给电脑装系统，但是被你6个月的女儿看见了，她对这种亮闪闪的东西非常好奇，拿在手里晃来晃去，光盘就跟着一明一暗的变化。你猜透了女儿的心思，于是将家里所有的光盘都拿出来，拼成各种形状贴在墙上，每隔几天就变换一下造型和位置，你的女儿再也不爱哭闹了，一醒来就会盯着墙上的光盘图研究个不停。

现象五：对五官感兴趣

1岁以内的宝宝开始对人的五官感兴趣，尽管他说不出来，但是他会去观察，爸爸、妈妈、爷爷、奶奶……虽然每个人长得不同，但是都同样有眼睛、眉毛、鼻子、耳朵、嘴巴，他们喜欢在你的脸上比比划划、指指点点，那其实是在研究你的五官呢。

比如，你并没有教宝宝认识过五官，但是有一天你突然买回一个五官齐全的布娃娃，宝宝相当感兴趣，抱着娃娃不撒手，一会儿指指娃娃的眼睛，一会儿指指你的眼睛，你惊讶地发现自己的宝宝已经能分清楚什么是眼睛了，也为自己的疏忽和没有及时指导而感到惭愧。

现象六：喜欢照镜子

视觉敏感期的宝宝都非常喜欢照镜子，这个神奇的东西里有着和自己的世界一样的东西、一样的人，可是当宝宝跑到镜子后面找时却发现后面什么都没有，当回到镜子前，他又可以看到妈妈的笑脸和自己的眉眼了，他会冲着镜子里的自己傻笑，然后在镜中人的脸上指指点点。

蒙氏理论解析

感官的五感中，最先发育的就是视觉。宝宝在胚胎时期，眼睛的结构、视神经以及负责视觉相关的中枢神经系统已经铺设就位，但是需要在出生后给予必要的视觉刺激，才能形成神经系统的回路，视觉皮质的脑神经网络联系，在宝宝出生3个月时达到最高峰，视觉能力发展的关键过程就发生在1岁之前的婴儿期：

最开始，孩子的眼睛对黑白相间、反差较大的地方感兴趣，而不是成人想当然认为的彩色气球等。这就是现象二中为什么孩子对彩色气球无动于衷，而对黑白气球非常感兴趣的原因。

3个月大时，大多数宝宝的视觉可以“跟随”运动的物体，也能将视线固定在某物体上，色彩、运动的物体都能吸引宝宝，而这些都可以促进视觉的发展。

4个月时，开始建立立体视觉，视网膜已有很好的发育。宝宝能由近看远，再由远看近，物体的细微部位也能看清楚；对于距离的判断也开始发展。

6个月大的宝宝眼睛已有成年人的2/3大，看物体是双眼同时看，从而获得正常的“两眼视觉”，而距离及深度的判断力也继续发展。

1岁时宝宝的视力进一步全面发展，眼、手及身体的协调更自然，此时视力为0.1～0.3。

在视觉敏感期，宝宝的视力得以突飞猛进地发展，你会发现宝宝的眼睛越来越晶莹明亮。但是也有一些情况会严重影响宝宝视力的发展——先天性白内障。

先天性白内障使宝宝在视觉发育的关键期内由于视网膜得不到正常的刺激，尽管视觉系统的结构从生理角度完全正常，但宝宝仍然会失明。双眼患先天性白内障的宝宝应尽快手术，一般在生后1～2个月，最迟不能超过6个月。另一只眼应在第一只眼手术后1周内再行手术。防止手术后单眼遮盖而发生视觉剥夺性弱视。

科学家所做的相关实验证明了视觉敏感期中生命的器官正严格执行着“用则进、废则退”的原则。它并不像很多父母认为的那样：孩子到了一定的年龄，视力自然而然地就会发展起来，根本没必要去有意识地开发孩子的视力。

无论是动物还是人，在生命的初期，大脑和脑功能都还处于构建的过程中，各种感觉，如视觉、触觉、味觉、听觉、嗅觉等都与大脑中相应的神经中枢联系在一起。只有建立了联系，各种功能才会正常发挥作用。如果一个孩子出生后就被蒙上眼睛，那他的眼睛就没有机会跟大脑中特定的神经中枢建立联系，大脑中主管视觉的结构就不会被激活，就收不到眼睛传递过来的信号。所以，当孩子的视觉敏感期消失以后，即使把他眼睛上蒙的布拿下来，他的眼睛也会失明，复明的可能几乎没有。

可见，孩子的敏感期和他的大脑的发育以及智力的发展有很大的联系。既然这样，父母就一定要抓住孩子的视觉敏感期，根据孩子视觉不同的发展阶段，为他提供适合的视觉刺激，使其视觉得以锻炼和提高。

家长顺势引导

1.丰富孩子的视觉环境

既然父母已经知道孩子在视觉敏感期会对视觉道具感兴趣，那就应该在生活中尽力为孩子去准备，从而丰富孩子的视觉环境：有明暗变化的光盘、不同颜色的床单、窗帘、彩色布套……这些生活中的物品都可以锻炼孩子的视觉。

2.扩大孩子的视觉范围

不要总是让不会坐的婴儿一个姿势躺着，经常变换一下孩子看东西的角度。要知道大部分孩子睡的婴儿床是平的，不可以调节，也就是说在孩子不会坐立的时候，他只能躺在床上，看到最多的就是天花板，这让宝宝的视力范围变得很狭窄和单一。

所以，如果条件允许，父母可以给孩子用可以调节角度的婴儿床，当宝宝四五个月大的时候，可以把婴儿床调节一下，这样孩子躺在床上就能看到更多周围的环境，也就是说，他的视觉范围扩大了。这能有效提高孩子的视觉能力。

当然，没有可调节婴儿床也没有关系，只要不把宝宝天天关在卧室里，多带他到户外走走，让他多和大自然接触，同样是扩大视觉范围的一种方法。

3.激发宝宝的视觉认知能力

随着孩子的成长，他就会慢慢看清楚周围的物体。比如，孩子会在某一个时期认出妈妈、爸爸或照顾他的人，有意识地选择观看周围的人。在这个时期，孩子有一个最明显的特征：看到熟人就会笑，看到陌生人就会哭。很快，孩子的视线范围不断扩大，除了近处的物体，他还能看到远处的物体，并且会主动去看。那么，这个时候父母就可以用语言来激发孩子的视觉认知能力了。

一般来说，玩具娃娃是孩子不可缺少的玩具，但怎样利用好这个玩具娃娃来让孩子享受视觉敏感期，度过视觉敏感期，却是很多父母没有思考过的问题。既然孩子在几个月大的时候对周围人的五官很感兴趣，那么父母就应该利用玩具娃娃这个道具来教孩子认五官。

还可以在宝宝对五官感兴趣时，为他在床头挂一面镜子。当孩子看到镜子后，他就会凑上前去，仔细地欣赏镜子里的那个人。如果父母对孩子说，你的鼻子在哪里呀？孩子就会用手去指自己的鼻子，结果发现镜子的人也用手指自己的鼻子。慢慢地，孩子就会发现，镜子里的那个人就是他自己。

4.用触觉发展视觉

在家里，父母也可以让孩子去接触各种形状的东西，比如，瓶瓶罐罐、餐盘、汤碗、杯子、小勺等，虽然他不会用，也可能拿不住，但让他去触摸这些东西，就能集中他的视觉注意力。这时，父母再告诉孩子这是什么、那是什么，对孩子视觉认知能力的提高也能起到一定的促进作用。另外，圆形的球、方形的板等等，也是孩子很好的视觉道具。

02 LESSON 色彩敏感期：彩色世界真美丽（3~4岁）

典型现象的捕捉

现象一：喜欢认颜色，喜欢五颜六色的鲜艳事物

3岁左右的宝宝喜欢各种色彩鲜艳的事物，而且对颜色非常敏感，看到不同颜色的东西都会抢着告诉你这是什么颜色。他喜欢颜色鲜艳的衣服，爱玩儿颜色鲜艳的玩具。在这一时期，培养宝宝对色彩的认知是最好最容易不过的事情。

现象二：喜欢玩填色游戏

宝宝喜欢颜色，更加喜欢给不同的事物涂上自己认为对的色彩，这个时期的宝宝迷上了填色游戏。

比如，你给自己4岁的宝宝各种形状但没有颜色的纸板，他很快就会按照自己的想法把这些纸板上的不同的形状涂上不同的颜色。

蒙氏理论解析

通常孩子在3～4岁时，就进入了色彩敏感期。开始，他非常喜欢认识各种色彩，一段时间过后，他就开始进入触摸、感知色彩的敏感期，就会涂色。同时，孩子涂色的过程也是在为以后的书写做准备，通过最开始的乱涂，他以后的书写才会趋于规律。当然，如果父母或老师不去诱导孩子使用色彩的话，孩子基本上不怎么使用色彩。有时候，孩子画一张画甚至只用一种颜色。不过，父母应该知道，孩子对色彩的认识更多地会体现在生活中，比如，他会选择色彩艳丽的玩具，喜欢颜色鲜艳的衣服等等。

因为如果父母或老师不诱导孩子使用颜色涂色，可能孩子就不会使用色彩。所以，父母应该诱导孩子。但是，父母也应该明白，是诱导，而不是勉强。

家长顺势引导

1.给宝宝更多色彩认知的机会

父母可以有意识地拿一些色彩艳丽的东西在宝宝面前展示，以吸引他的注意力。还可以给他买些色彩齐全的彩色蜡笔或油画棒，一边在纸上画出色彩一边告诉他这些都是什么颜色，既能加深孩子的印象，又能提起他的兴趣。

家长也可以买一些彩色的笔或颜料，让孩子自己去涂抹。当然，如果能够跟孩子一起投入涂色游戏当中，与孩子一起感受其中的乐趣就更好了，宝宝会受到父母热情的感染，喜欢上涂色、爱上色彩。孩子填的颜色也许并不“正确”，但作为父母也不要急于去纠正，只要默默欣赏，鼓励孩子就好。因为孩子还没有真正成为一个生活的观察者，而且想象力的发挥远比墨守陈规更加重要，不是吗？

2.因人而异，学会等待

敏感期的时间限定并不是绝对的，有的孩子敏感期会提前到来，有的会延迟到来。就像一个孩子，还不到两周岁，就已经提前进入了色彩敏感期，那时候他已经能认识十来种颜色了，而且在日常生活中他还特别爱涂色。但有的孩子色彩敏感期可能会来得晚一些，这也是很正常的。

如果孩子的色彩敏感期还没有到来，父母要学会耐心等待，慢慢引导他，鼓励他，期盼他的色彩敏感期早日到来，但却不要拿他跟别的孩子相比较。

游戏活动

吹画

游戏目的：让宝宝认识颜色，培养宝宝的想象力。

游戏玩法：

1.家长在光滑的白纸上，蘸上多种不同颜色的水彩颜料。

2.给孩子一个吸管，让宝宝在颜料上吹，颜色各自形成各种变化无常的形态，有的象太阳，有的象树、小鸟、花等。

3.让宝宝尝试将两种颜色吹在一起，会发现两种颜色变成另一种颜色，走成另一形态。如蓝色与黄色相碰，变成绿色的小草。

提示：如果让宝宝在塑料纸上吹画，效果将更明显。

举一反三：还可以让宝宝用笔将不同颜色混合调色，或者用不同颜色涂抹，重叠处也会变色。另外，阳光通过三棱镜折射后会分解成7种色彩，让宝宝观察色彩的变化。

03 LESSON 听力敏感期：听听这个世界（0~6岁）

典型现象的捕捉

现象一：喜欢静谧的有声世界

这个说法虽然看上去很矛盾，但是你的宝宝就是喜欢这样的世界，几个月的小宝宝喜欢安静的氛围，但是如果环境过于安静一点声响都没有，他就不高兴了，甚至急得直哭。

比如，为了让3个月的宝宝睡个好觉，你把室内的光线调得暗暗的，把一切能发出声响的东西都拿出去，屋子里一点动静都没有。可是宝宝没睡一会儿就开始大哭，而且这种情况每天都在上演，后来你发现，原来只要屋子太过安静宝宝就会不安地哭泣，非得弄出一点声响来，他才会平静下来。

现象二：喜欢寻找声音源头

3～4个月的宝宝不仅喜欢听到声音，而且还喜欢寻找声音的来源，只要听到声响，他就会晃动着小脑袋去找声音是从哪里发出来的。如果让他找到了，他会很认真地听一会，如果没找到，就会一直找下去，直到他对这个声音失去兴趣。

现象三：喜欢听音乐

好听的音乐不光大人喜欢，连几个月的小宝宝也非常喜爱。本来还在烦躁哭闹的小宝宝，一旦听到音乐声响起，通常都会停止哭泣，聚精会神地听起来，谁都不会有他那么专注。小一点的宝宝还是喜欢旋律舒缓，节奏明快的乐曲。不太喜欢节奏太强声音刺耳的音乐。

现象四：对突然的大一点的响声很害怕

1岁左右，宝宝开始变得一惊一乍，稍大点的声音都会吓得往你怀里钻，连他平时最爱玩的电动玩具等突然发出的声音，他也非常害怕。

现象五：能在嘈杂的环境中听到自己熟悉的声音

在环境很嘈杂的情况下，你忙着跟别人说话，但是你1岁多的宝宝却拼命拉着你向一个地方走去，他是在告诉你他听到了一个声音。

比如，你的手机响了，但是因为周围很吵，你根本就听不见，可是你1岁的宝宝却听到了，他急切得拉着你去找放手机的包，想告诉你：“妈妈快点接电话啊！”因为你的手机铃声他实在是太熟悉了。

现象六：对“噪音”很敏感

3岁左右的宝宝对噪音很敏感，在大人感觉很安静的情况下，依然能听到“噪音”，你告诉他没有其他声响，但是他却坚持自己确实听到了，而原来那些声音是你本来已经习以为常的，但对他来说却是影响自己的“噪音”。

比如，你想让儿子午睡，但是他不一会儿就会醒来，但是你却没发现什么异常，直到努力屏息才觉察到原来是隔壁楼在装修的电机声，在冬天门窗紧闭的情况下这种声音微乎其微，你根本觉察不到，但是他却认为这是噪音。

现象七：爱听简短清晰的“妈妈腔”

6岁之前的宝宝喜欢听妈妈用“妈妈腔”跟自己讲话，如果妈妈用正常的成人对话的方式和语调跟自己讲话，他则没有兴趣。

比如，你带宝宝去花园看花，你先用成人的语气跟自己的宝宝说：“这是花。”你已经1岁多的女儿甚至一点反应也没有；而如果你对她用奶声奶气节奏明快的妈妈腔说：“哦，宝贝，快看！这朵红色的玫瑰花漂不漂亮？来闻闻香不香？”你的女儿则会表现得非常积极和感兴趣，凑上前去闻那朵花的香味。

蒙氏理论解析

大部分家长都会有这样的误区，认为刚出生的婴儿特别怕吵，以至于家人所有的行动都需要静悄悄地进行。其实，刚出生的宝宝，由于中耳没有发育成熟，听力是比较弱的，当残留在耳中的羊水被逐渐吸收之后，听力才会迅速发展。因此，尽量自由地在出生1个月内的宝宝面前说话吧，因为这个时期的宝宝既听不懂也听不清。相反，这纷纷扰扰的大千世界中的各种声音，恰恰是对宝宝听觉系统最良好的刺激。家长为宝宝刻意营造的无声环境，反而会由于宝宝的听觉系统受不到刺激而产生听觉迟钝或听觉过分敏感的现象。

另外，尽管新生儿对于声音还听不清，但是却具备对听到声音的定向能力。对于自己听到的声音会寻找声源物，说明眼和耳两种感受器内部由神经系统连接起来了，这种连接使新生儿能尽可能完整地感受外来的刺激，更好地适应环境。所以，在宝宝听力系统发展的敏感期，给予良好的刺激，势必会促进其听觉能力的发展和提高。

家长们还要明白的一点是6个月以内的宝宝最喜欢听到的是人说话的声音，他们可以迅速地从多种声音中区别出人说话的声音。3个月大的时候就能分辨出父母的语音，6个月大的时候就可以对声调做出反应，6～12个月宝宝的“听觉映射图”会建立和形成，1岁之后，宝宝就很难对特点陌生的声音进行记忆和识别。利用宝宝音素听力敏感期，让宝宝多听不同声音和语音，能提高日后敏锐辨别声音的能力。

关于听力方面的训练，许多人认为在跟婴儿的交流过程中，一开始就应该使用字正腔圆的成人腔，这样才是给宝宝提供了好的语言环境，才能引导宝宝的正确发音。殊不知，其实宝宝更爱的却是“妈妈腔”。对此，科学家又进行了一系列的试验研究，结果发现，婴儿们能够辨别出“妈妈腔”的最短时间是5星期，他们会非常喜欢听妈妈的“妈妈腔”，而不喜欢听妈妈单调的成人腔。孩子之所以会喜欢“妈妈腔”，是因为“妈妈腔”与孩子大脑的接收信息的能力比较吻合，更容易让孩子模仿，吸引孩子的注意力。

家长顺势引导

1.利用有声玩具

对于刚出生不久的婴儿，父母想要训练宝宝的听力，可以利用有声玩具：父母手里拿着有声的玩具，将玩具放在离孩子30厘米左右的位置，一边摇晃，一边缓慢地移动，当宝宝听到声音后，视线就会随着玩具和响声移动。注意，在移动玩具时，一定要慢一点，如果宝宝的视线跟不上，他也会听不好。当宝宝没有兴趣的时候，就可以换一种带声响的玩具试试，或者过一会儿再玩。这个游戏不仅能培养宝宝的听力，而且能促进宝宝的视觉发展。

等宝宝大一些可以自己抓握的时候，可以把有声的玩具，比如小铃铛、拨浪鼓、音乐盒等玩具给孩子，让孩子自己玩。当然，在给孩子之前，父母可以在孩子面前让那个玩具发出声音来，一方面是告知孩子这个玩具可以发出声音，另一方面也是给孩子做个示范。当孩子拿到能响的玩具后，他就会自己玩耍，从而刺激听觉。

2.在孩子耳边发声

父母可以与孩子面对面，让孩子先看到你，然后，在他的耳边喊他的名字，一边喊，一边摇头或远离孩子。这时，孩子也会随着父母的脸和声音移动。当然，父母也可以轻轻拍手、学一些动物的叫声，以此来吸引孩子的注意力，让孩子寻找声音的来源，提高孩子的反应能力。

需要注意的是，不管是给宝宝有响声的玩具让他自己玩，还是父母给宝宝做出响声来，都要特别注意一个问题，就是声音一定要柔和，要动听，要悦耳。如果是那种比较恐怖、吓人的声音就尽量不要发出。另外，不要长时间地让宝宝被动接受声音，那样他也容易失去兴趣。

3.让孩子听听舒缓的音乐

不要以为孩子听不懂音乐，孩子也会被美妙动听、舒缓流畅的音乐吸引。所以，父母在家可以放一些好听的音乐给孩子听，但要注意，音乐的声音一定不要太大，只要有背景音乐的那种轻柔感觉即可。

4.给孩子制造一点噪音

对于那些对噪音过于敏感和听到大一点声响就害怕的宝宝，家长可以在生活中故意制造一点噪音来锻炼孩子的抗噪音能力。比如故意把电视的声音开大一点，故意带孩子到一些比较嘈杂的场合，如菜市场、带扩音喇叭的商店等等，以此来锻炼孩子选择声音和忽视声音的能力，从而让孩子的听力水平得到提高。

父母可以故意在开着电视的情况下给宝宝讲故事。开始的时候，电视声音很小，你会发现宝宝可以专心听故事；后来，当你把电视声音调大了些，但和他给孩子讲故事的声音差不多时，宝宝还是能够专心听故事。

所以，培养孩子适应噪音的能力是循序渐进的，切不可希望一步到位。另外，家长还要明白，给孩子制造点“噪音”的出发点是好的，但也要有个度，一旦发现孩子已经烦躁不安，不能专心做自己的事情或坐立不安时，父母就应该带孩子走出“噪音”环境。

5.“妈妈腔”也要注意发音清晰

孩子都是通过模仿来学习语言的，“妈妈腔”的发音要清晰、字正腔圆，孩子才容易模仿。所以父母与宝宝交流时，不管是说普通话还是说地方方言或者是说外国语言，都应该尽量做到清晰、明确。

同时，说话的语速一定要比较慢，这样孩子的大脑才容易接收到你的信息。我们都知道，孩子大脑的潜力是无穷的，但与成人相比，他们大脑的“输入信息”和“输出信息”的系统还是要慢一些。所以，千万不要期望你的孩子能够像你的先生一样完全理解你连珠炮似的“高速语言”。因此，与孩子说话时，一定要有足够的耐心，要注意放慢语速，这样才有助于父母与孩子之间的交流和理解，孩子模仿起来也就更加容易。

在说“妈妈腔”时还要注意简短和适度重复，一定要考虑到孩子“输入信息”系统不发达，太长的句子是说给成人听的，孩子还不具备区分中心语、状语、定语的能力，更不会理解不同的介词、连词给句子带来的内涵变化。所以，要想让孩子理解你说的话的意思，就要注意把句子说得简短些，并适度重复。这样才会让说过的话在孩子的大脑中留下比较深刻的印象，而且便于宝宝听懂大人的话。

6.“妈妈腔”误区和纠正

“妈妈腔”不是妈妈专利。父母不要被“妈妈腔”这3个字误解，以为“妈妈腔”只是妈妈的专利，其实，谁都可以说“妈妈腔”，爸爸可以说，爷爷奶奶也可以说，只要掌握了“妈妈腔”的语言特点就可以了。现在，甚至有专家说，教孩子和成人学外语，“妈妈腔”也是非常有效的。可见，“妈妈腔”对于提高听觉能力是非常有效的。

儿语不是“妈妈腔”。很多家长会将“妈妈腔”与儿语等同起来。比如，一些父母喜欢用儿语跟孩子说话，把“是的”说成“细的”，把“老师”说成“老西”，等等。如果父母用这样的语言跟孩子说话，孩子就会养成不良的说话习惯，以后改起来也比较困难。真正的“妈妈腔”是把复杂的话说得简单、亲切，容易让孩子理解与接受，并能引起孩子的倾听兴趣，从而促进孩子的听觉能力与语言表达能力的提高。这种“妈妈腔”就不会让孩子养成不良的说话习惯，只会促进孩子整体智力的提高。

使用“妈妈腔”也是有时间限制的。一般来说，当孩子6岁以后，他的听觉敏感期和语言敏感期都过了，这时，他已经基本掌握了语言工具，而且理解力和抽象思维能力都有了很大提高，学校教育也会教孩子使用规范的语言模式，这时父母就不需要再用“妈妈腔”了。

游戏活动

跟着小铃走

游戏目的：训练宝宝的听觉，提升方向感，集中注意力。

游戏玩法：

1.家长准备一只小铃铛和一块手帕。

2.叫来宝宝，告诉他要玩“跟着小铃走”的游戏。

3.用手帕蒙上宝宝的眼睛，然后在孩子前、后、左、右弄响小铃，让孩子向发出声音的地方走去。

提示：在玩此类游戏时家长要注意，为了适应孩子的听力程度，开始时发出声音的距离不要很远，在玩的过程中可以逐渐增加距离，或减轻声音。

举一反三：这个游戏可以用的物品其实很多，只要是可以发声的玩具和物品都可以拿来和宝宝做类似游戏。还可以让宝宝通过不同物体的声音特征来识别物体，提高宝宝听觉的辨别能力。

04 LESSON 音乐敏感期：对音乐和乐器的渴望（4~5岁）

典型现象的捕捉

现象一：痴迷音乐，音乐响起就手舞足蹈

宝宝们对音乐的热爱几乎是与生俱来的，但是到了4岁左右时，这种热爱上升到了一种痴迷的程度。只要有音乐响起，他们就会立刻安静下来，并且跟着音乐手舞足蹈。

现象二：渴望能接触并弹奏乐器

宝宝们在这一时期进入音乐敏感期，他们不仅痴迷听音乐，更想成为动听音乐的演奏者，所以他们对能够发出声响的乐器非常着迷。

比如，一个4岁的女孩，每次在幼儿园放学的时候都不愿意回家，而是直接拉着妈妈的手就往琴房走，一直练到天黑了以后才回家。即使家里没有买钢琴，她还是会把老师的教科书借到家里来，女孩很聪明，她把家里的暖气当钢琴，然后摆上琴谱，就在暖气片

上有模有样地“弹”起来，一边弹还一边唱，能连续弹唱一个小时……这种情形大概持续了3个多月。

蒙氏理论解析

宝宝对音乐的喜爱是一种天性，是与生俱来的。当音乐响起时，孩子的身体会产生一种很自然的反应，这种反应对音乐的曲调是否优美并不敏感，能对他产生较大刺激的是节奏的变换。因此，节奏训练应该是早期音乐教育中的重要任务。

随着宝宝的成长，他不仅只用听觉去感受音乐，他还用整个身体的肌肉与心灵去感知音乐。只有身与心都投入到音乐中时，他内心对音乐的理解、感受才是最生动、最真实的。在孩子成长的过程中，他会通过感觉和认知音乐来形成最初的音乐概念。期间，还会穿插孩子自发性的创造活动，但这一切都源自孩子对音乐的渴求，他对音乐的敏感正是因为对音乐有所渴求。

在宝宝4～5岁时，各种能发出响声的乐器都会带给孩子们欢乐，当然这也为父母传递一个信息：孩子的音乐敏感期来了。所以，父母应该关注一下自己宝宝的艺术天性。每个宝宝都是天生的艺术家，他会用音乐的方式来展现自我，展现自己与众不同的生命感觉。

很多父母认为，只要孩子一听到音乐就扭屁股，兴奋地随着音乐蹦蹦跳跳，就说明孩子有音乐天赋。其实，事实并非如此。因为每个孩子在小时候都会表现出这样的行为来。如何最大程度上成就孩子的音乐才能，还要靠父母的引导，看父母能为孩子提供怎样的音乐环境。尽管不是每个孩子都能成为音乐大师，但是，与生俱来的这种对音乐的热情将会伴随孩子一生。

家长顺势引导

1.了解音乐敏感期的各个阶段

宝宝的音乐敏感期有几个阶段：最早，孩子是喜欢节奏的，2岁时他就能很好地把握节奏；到三四岁时，他就会对简单而重复的一些韵律感兴趣；五六岁时，他就开始选择自己喜欢听的音乐，并自发地用动作来表达韵律比较复杂的音乐；七八岁时，孩子已经能够体验音乐带给他们的快乐感受了，有的孩子会深深地沉浸在音乐中，甚至会为音乐而流泪。所以，父母应该给孩子欣赏音乐的机会，从而让他对音乐的感受能达到一个很高的境界。

2.提供自由的音乐环境

如果父母明白孩子会有音乐敏感期，相信绝大多数父母都会给宝宝提供一个自由的音乐环境，让他尽情地去发挥音乐的天分。因为在这样宽松自由的环境中成长的宝宝，他的天赋会很容易被激发出来。不过，如果父母在此期间常常嘲笑孩子唱得不好，给孩子打击的话，那孩子的音乐天分就会因父母无情地践踏而泯灭。

3.给他经典的音乐听

宝宝在音乐敏感期到来的时候，父母给他放多高起点的音乐，宝宝的起点就有多高；给他放低起点的音乐，宝宝就有多低的音乐起点。为什么会这样？因为孩子不会选择也没有选择，对这些东西的选择权利都是父母的。所以，父母应该尽可能地给孩子选择一个标准，这个标准就是经典音乐。父母给孩子提供一个听经典音乐的机会，就等于提高了孩子的音乐基本素质。

4.不要强迫孩子学乐器

很多父母希望自己的孩子成为音乐家，于是从小就逼迫他们学习各种乐器，孩子对此感到非常痛苦。其实，在孩子音乐敏感期到来时，父母应该顺其自然地去挖掘孩子的音乐天赋，他们可能不用父母逼，就会练习。即使孩子没有学习某种乐器，但如果他具备了良好的音乐感知和鉴赏能力的话，照样比那些痛苦地学习乐器的孩子的乐感好得多。

5.经常开家庭音乐会

宝宝在音乐敏感期时，他会主动学习音乐。这时，父母可以尝试在家庭中开音乐会，全家人都参与到音乐表演中来，但一定要让宝宝做主角，从而给孩子信心，激发他继续学习音乐的热情。在这个音乐会上，宝宝可以演奏乐器，可以唱歌，也可以随音乐起舞等等。总之，一切跟音乐有关的事情都可以让孩子大胆尝试，父母要注意给孩子积极正面的评价。

05 LESSON 口腔敏感期：用嘴巴“尝尝”这个世界（0~2.5岁）

典型现象的捕捉

现象一：爱吃手

几乎令所有妈妈都头痛的问题，就是宝宝爱吃手，宝宝在几个月大的时候就喜欢把自己的手指放进嘴里，然后津津有味地“吃”起来，拿出来他又会放进去，如果你斥责他，他就会变得很生气甚至哭闹。妈妈们最担心的就是卫生问题，同时认为这是种坏习惯，总是试图矫正，但是往往收效甚微。

现象二：什么都往嘴里放

1岁左右的宝宝非常让家长头疼，因为他们看到什么都要捡起来，然后毫不犹豫地放到嘴里尝一尝。不管是在家里还是在户外，只要是他能拿得起来的东西他都要往嘴里放。在家里还好，爸爸妈妈可以给宝宝随时洗手，给所有的玩具消毒，但是到了外面就没办法控制了，宝宝一会儿在地上玩土，一会儿又捡起石子放进嘴里，搞得很多妈妈都不知道怎么办才好。

现象三：尝过之后吐出来

家长都不愿意宝宝去吃那些不能吃或者太大不容易咀嚼和消化的东西，可是你的宝宝却不管这一套，拿起就往嘴里搁，胆小的妈妈生怕卡到宝宝，可是他往往嚼两下又自己吐了出来。

比如，有一次，你的宝宝抓到了一个带皮的橘子瓣，然后就放到了嘴里。你担心他会把整个橘子瓣和皮都吞进去，可是让你感到惊讶的是，宝宝居然把橘子皮吐了出来，把果肉咽了进去。你终于真的明白了那句名言：孩子最初就是用口来感知世界的。

现象四：所有口味都要尝个遍

你的宝宝非常难管教，你给他买回来的零食和各种水果，他每包都要拆开尝一尝，每个水果都要咬一口，而且所有的东西只尝一口，还必须每样都得尝到。

比如，你给宝宝买了几盒不同口味的巧克力。你本来打算让宝宝吃完一盒再吃另外一盒，可是宝宝吃了几口第一盒的巧克力就不吃了，非要打开第二盒，第二盒的巧克力没吃几口，非要再打开第三盒……你跟他说："不能这样，都打开吃不了，而且也会坏掉！"宝宝不听，你就阻止他，结果宝宝就大哭起来。

现象五：爱咬人

你的宝宝会突然咬大人一口，其他小朋友也不放过，动不动就咬别人，咬完还一脸无辜地看着别人，好像此事与自己无关，也认识不到自己的错误。

比如，幼儿园的老师看到一个小朋友突然抱住另外一个小朋友，在人家的脸上咬了一口，速度很快，老师感到非常惊讶。老师赶紧去抱起那个被咬的孩子，发现他的脸上有一圈牙印。不过，咬人的小朋友好像并没有意识到自己做错了，一脸无辜地看着被他咬的那个孩子。

现象六：爱咬东西

宝宝喜欢拿起一样东西放进嘴里撕咬，不管是吸管还是磨牙棒，又或是其他玩具，甚至桌子角，放到嘴里就又啃又咬，又拉又拽，甚至咬着东西不停地甩来甩去。

比如，最近你发现自己两岁的宝宝不仅喜欢咬人，有一次你还看到他用嘴巴啃桌子角，而且好像还“吃得”有滋有味。你觉得啃桌子不卫生，而且也是一个坏毛病，就阻止他去啃。可是，他还是会拿起别的东西咬个不停。

蒙氏理论解析

通常，宝宝的口腔敏感期会集中在从出生到2岁这个阶段。孩子口腔敏感期持续时间的长短与他们所处的环境有很大的关系。如果在这一时期，父母能给宝宝提供科学的环境，允许他去“吃”各种各样的东西的话，换句话说，也就是允许孩子用口去探索周围的环境、物品，孩子的敏感期就会很快过去。

相反，如果父母不了解这一敏感期，阻碍孩子用口去探索事物的行为，孩子的这一敏感期就会持续很长时间，可能到了三四岁，他还会偷偷地把东西放到嘴里“尝尝”。父母如果不允许孩子用口去探索，孩子自身与外部的世界就很难建立联系，这将在很大程度上影响孩子发展自己的潜能。要知道，连“软”与“硬”这样的抽象概念，孩子都是用口来“尝”出来的。

1.用嘴巴尝味道

当孩子口渴时，他常常会拒绝喝水，要求父母拿酸奶、果汁等饮料。即使是刚出生不久的孩子也是这样，当他喝过带甜味的奶粉之后，就不再喝没有甜味的普通奶粉了。为什么会这样呢？其实，这是因为孩子的口和舌生来就有品尝味道的功能。当他尝到了“好吃的”、“好喝的”，自然就不愿意去吃、喝“普通的”了。

现象四中的例子表明，孩子喜欢用口来做对比，他喜欢打开所有的食品包装，吃一口就不吃了，再吃一口别的。其实，这并不是孩子任性，而是孩子用口来体验并认识巧克力的味道，他通过了解外在的东西，构建内在的自我，只是父母并不了解这一点。所以，当父母以各种有道理的理由拒绝孩子这么做时，孩子的内心就会不断地挣扎，甚至以哭闹的方式来反抗父母。

2.用嘴巴来认识世界

父母要知道一点，孩子用嘴巴来品尝味道和用口来认识世界是两个不同的概念，他会用口去认识各种事物，包括自己的手与脚。

触觉是宝宝认识世界的主要手段，而嘴唇和手是触觉最灵敏的地方。对于一个3个月大的宝宝来说，口的功能是巨大的，首先，通过吸吮感知手的存在，感知手的抓握功能，当宝宝知道自己的小手能抓握东西之后，就会通过手把周围抓到的物品都送进嘴里进行“检验”，这个过程也完成和健全了口腔的功能。宝宝用口腔来认识世界，直到手被完全唤醒，手的敏感期到来，又帮助和加快了口腔敏感期的发展，宝宝就这样用嘴打开世界的大门，用嘴和这个世界建立着亲密的关系，当宝宝开始尝试用口和手进行探知时，他的世界就开始了……

现象六中的宝宝之所以会咬桌子角，会咬人，很可能是在用自己的舌头和牙齿来感知物体，探索周围的环境。当然，现象五中咬人的宝宝也很可能是出于这方面的原因。孩子咬人时，他并没有什么恶意。所以父母不要以为孩子学坏了，因为这是他无意中用口、牙齿去认识事物，与故意用牙齿去攻击别人有着本质的区别。孩子咬人时，只需要把他抱到一边去就可以了。

3.口腔敏感期会推迟

口腔的敏感期在宝宝6个月左右来临，这一敏感期持续的长短与宝宝所处的环境存在着很大的关系。这一时期的家长要耐住性子，允许宝宝吃手，允许宝宝品尝玩具，允许宝宝用口去探索他想要探究的物品。

宝宝口腔敏感期到来时，如果得不到满足和释放，如果家人过度保护和限制，就会推迟宝宝的口腔敏感期。口腔敏感期得不到满足的宝宝，会把注意力固定在食物上，而无法集中精力学习，他们会抢别人的食物、随意拿别人的东西，甚至会捡拾掉在地上的食物。

孩子在1岁左右时会用牙齿咬断东西、咀嚼东西，有时候会用东西把嘴巴塞满，但不会把它们咽下去。但是有些孩子这个敏感期会滞后，所以孩子如果在2岁以后咬人，他是在以“咬人”的方式来弥补自己落下的口腔敏感期。

家长顺势引导

1.尽量去满足宝宝的敏感需求

了解了宝宝有口腔敏感期后，父母就应该尽量去满足孩子的这一需求。如果不去满足宝宝，他可能就会养成一些缺点，比如，他会去抢别人的食物，随便拿别人的东西，把自己的注意力集中在某些食物而不是学习上等等。所以，如果想让自己的孩子避免出现上述的缺点，就要在孩子的口腔敏感期，允许宝宝用口去探索世界，让他的探索需求得到最大程度上的满足，从而尽快结束口腔敏感期。

但是有一点父母应该注意，就是尽量避免让孩子接触到危险性比较大物品，如剪刀、螺丝刀等锋利的工具。

2.不要担心宝宝被卡住

不允许孩子用口去尝味道、去探索，孩子不但会失去用口去探索世界的机会，还会引起孩子的不满。所以，孩子哭闹是非常正常的，这种哭闹并不是任性。作为父母，遇到类似的情形，应该懂得尊重孩子的口腔敏感期。

其实通过观察，父母们也可以发现对于一些硬的东西，2岁之前的宝宝常常会嚼了吐出，吐出又咀嚼，偶尔被卡住他也会自我调整。所以父母没有必要过分担心孩子被卡住，小宝宝们都是很聪明的，只要不在他吃东西时故意逗他或吓他，让他专心地去品尝体验，他是没那么容易被卡住的。

3.关于卫生的问题

面对孩子如此爱往嘴里放东西的行为，很多父母很担心卫生问题。当然，一点不注意也是不行的，比如，把孩子爱用嘴啃的物品尽量洗干净，但是也不必严格地消毒。因为孩子体内的抵抗力需要增加，而没有经过使用的抵抗力不叫健康，也不会有力量。所以，对物品一般洗一下就可以了。

在出门的时候，父母可以带上一包消毒湿巾，及时擦擦孩子的手。千万不要对孩子大声吆喝，否则孩子会产生心理阴影。

4.尝试转移孩子的注意力

当孩子在外面随地捡小东西往嘴里放的时候，父母也可以尝试转移孩子的注意力。比如，与孩子一起玩，一起捡树叶，然后撕碎，往空中一扔；一起捡小石头，往远处扔或踢，再跑过去捡……这样，孩子会觉得很好玩，就会跟你学，从而减少往嘴巴里放东西的机会。

当然，如果孩子往嘴巴里放树叶，也不要硬从孩子手中夺过来，更不要训斥他，而是对他说："不能吃，看妈妈，树叶会飞哦！"说完，把自己手中的树叶一抛，孩子的注意力就被转移了，也可能会学着父母的样子抛树叶，不学的话也会把要放到嘴里的东西给忘了。

为了让孩子更好地度过口的敏感期，父母也可以有意识地让孩子"吃"或"咬"一些洗净的东西。当然，也可以让孩子去用舌头舔，这样也能满足孩子用口去探索的需求。

5.不要注意宝宝吃手的问题

宝宝在用口和手探索的敏感期，吃手是很正常的，是孩子的一种自然表现，也可以说是天性。所以，父母可以不用注意孩子的吃手问题，也不要把吃手当成一种毛病。所以，即使看到孩子吃手了，父母也不要有心理负担，不要紧张，也不要不舒服，更不要干涉孩子，允许他自由吃手。

有的父母为了不让孩子吃手，就会用语言吓唬孩子，比如："你再吃手，手就掉下来了！""手上有虫子，吃手会把虫子吃到肚子里，肚子会疼！"说这些话时，孩子可能会因为害怕而停止吃手，但是他还是会在不经意间去吃。吃完之后，他就比较恐惧，想象着虫子在他肚子里的情形，结果就会出现焦虑情绪。这时，如果父母再提醒他，就会加剧他的恐惧感，形成恶性循环。当然，如果他发现手并没有掉下来，他的肚子也没有疼时，就会认为父母在骗他。这样，吃手的行为就会被强化，他可能就会疯狂吃手。

如果实在不愿意宝宝吃手，父母可以给孩子准备一些不同大小、不同重量的物品让孩子抓和吃，比如给孩子一些磨牙饼干、橡胶奶嘴等。当宝宝再大一点时，可以用一个托盘盛一些物品供孩子自由选择，让宝宝有些新鲜感。这样，孩子既是在用手感知，也在用口感知，但是他会渐渐忘记啃手。这对于不想让孩子啃手而又不愿强行干涉孩子的父母来说是个不错的办法。

6.别给吃手限定时间

孩子6岁之前有吃手的行为都属于正常现象，是一种自然发生的行为。大自然从来就不会按照某个人的意志去改变。这对于孩子的成长来说也是一样的。如果父母给宝宝不吃手定下时间期限，就会因为孩子没有改变而对他产生不满，然后可能就会强制孩子改变习惯，这对宝宝的成长来说并没有什么好处。

7.满足宝宝口腔的味觉和触觉

有的父母不知道孩子有咬人的敏感期，当一两岁的宝宝咬了他们，他们就会训斥孩子，甚至用手打孩子的嘴巴，难免给孩子幼小的心灵留下阴影甚至是心灵的创伤。所以，父母一定要以此为戒，切不可训斥孩子，打骂孩子。

在宝宝咬人的那段时间，父母应该满足他口腔味觉和触觉的发展需要。比如，给他提供一些可以咬和尝的东西，像各种软硬不同的食物、橡皮圈等干净而质地不同的物品，让宝宝尽情地去咬，这样就能在很大程度上避免孩子咬人现象的发生，让咬人的敏感期顺利度过。

游戏活动

玩具的“味道”

游戏目的：感受物品的软硬和质地，提高口对物品的识别度。

游戏玩法：

1.家长选择一些不同质地，软硬不同的玩具，如小球、积木、布玩等，将玩具清洗干净并消毒。

2.将玩具放在宝宝的周围，拿起其中一个逗宝宝玩，吸引宝宝注意。

3.宝宝被玩具吸引后，让他自己拿着玩具玩儿或者咬，家长在旁边照看，不要干预，让宝宝自己去“品尝”玩具的“味道”，感受玩具的软硬程度。

提示：家长在选择玩具时应选择材质安全、颜色鲜艳和棱角不明显的，避免太小或太尖锐，并提前将玩具清洗干净和消毒，让宝宝可以自由放心地去咬。

举一反三：口是宝宝最初认识世界的主要方式，作为父母不应阻止或干预宝宝咬东西的行为。相反，只要卫生，家长还应创造条件让宝宝咬东西。比如，水果、萝卜洗净让宝宝咬咬，与玩具相比还真会有点味道。

06 LESSON 手的敏感期：用小手触摸世界（0~2.5岁）

典型现象的捕捉

现象一：喜欢抓握

几个月的宝宝看到栏杆之类的东西就很喜欢去够去抓，抓住就不松手，抓不到还不高兴。

比如，你带5个月的宝宝去坐地铁，他看到车上的扶手就开始挥舞着小手去抓，结果抓了半天没抓到开始吭吭唧唧地哭起来，妈妈发现后调整了位置，让宝宝够到了扶手，他便心满意足地抓起来，到站了都不肯松开。

现象二：爱扔东西

1岁左右的宝宝开始迷上了扔东西，尤其是当扔出去的东西摔到地上发出“砰”的声响时，就会更加兴奋。

比如，1岁3个月的宝宝有一次喝完水后，很兴奋，突然把玻璃杯子从头顶扔到了身后，结果杯子碎了，宝宝却乐了。第二天，当他喝完水后，又做了同样的动作，把杯子扔了，结果杯子又碎了，他又很高兴。从那以后，每次喝完水，他都会把杯子扔到身后去……

现象三：捏捏抠抠

宝宝到了1岁左右爱上了用手“吃”东西，无论什么食物只要放在他手里，他不是像以前那样一口吃进嘴里，而是拿在手里捏啊捏，或者抠啊抠，把食物碎屑弄得到处都是。

比如，你给自己11个月的宝宝一根香蕉，他却不吃，而是拿着香蕉研究，先是在香蕉头上抠洞洞，接着又把香蕉皮撕下一块开始捏，同时把里面的香蕉弄成泥状，抹得床上到处都是，让本来就已经很操劳的妈妈非常头疼。

现象四：爱玩沙子的“小泥人”

本来顽皮好动的宝宝，一到了沙地里就像变了个人一样，自己一个人玩得很安静，就算呆上几个小时都不觉得累。

比如，有一个小朋友在来幼儿园的第一天就跳进了沙池，迫不及待地抓起一把细沙，让沙子从他的手指缝中流出，落到手臂上，再从手臂上落到沙池里，早把妈妈让他保持衣物整洁的话抛到九霄云外，任凭自己变成一个全身灰不溜秋的小泥人。

现象五：湿漉漉的“水宝宝”

爱玩水几乎是每个宝宝的天性，他们从一生下来就不畏惧洗澡，甚至喜欢洗澡，到了大一点的时候，当妈妈端来一盆水给他洗手时，他会兴奋地拍水玩儿，洗澡的时候更是在自己的浴盆里跟戏水玩具玩得不亦乐乎。

到了2岁左右的时候，他从一开始的玩水变成了研究水。

比如，你发现自己3岁的宝宝在浴室玩水，他一声不响地玩着自己发明的小游戏：先是把盆子里装满水，然后把各种小玻璃球扔进水中，接着他又把它们都捞出来，放到另外一个盆子里。然后把刚才那盆水又倒进放进球的盆子。他把那些小玻璃球再一个个地捞出来，放到另外一个盆子里，再倒上水，再捞出来，即使不小心，水倒了出来，溅了他一身，弄得他浑身湿漉漉的，却依然挡不住他玩水的热情……

现象六：嘴上说“打”，手上真“打”

你的宝宝在1岁以后开始学会“打人”了，他一边嘴里喊着“打打打”，一边真的用手拍打你，有时候还打得很疼。

比如，你的宝宝才1岁4个月，可是他已经会“打人”了。而且，他并不只是在嘴上说说，每次都是说“打你”的同时，手就真的“啪”的一声打了下来，有时候是打你的脸，有时候是拍你的头，还拽你的头发，他是真打，而且还挺疼的，你真不知道该怎么办了。

现象七：爱你我就“打打”你

2～3岁的小宝宝有很多都喜欢“打”别的小朋友，尤其是在跟小朋友玩儿得高兴的时候，毫无预警地就会给人家一巴掌，打得小朋友哇哇直哭，家长也会很自责，怪自己没管好宝宝。其实，他并不是真的要打别的小朋友，他只是很喜欢和那个小朋友玩儿，为了表示自己的喜爱，所以动手“打”了对方。

蒙氏理论解析

1.关于抓东西

当宝宝用口完全将手唤醒之后，手对世界的探索和认知就开始了。当宝宝出现喜欢抓黏稠的物品时，当宝宝喜欢用手不停地扔东西时，当宝宝尝试用拇指和食指配合着抓细小的食品时，都预示着宝宝手的敏感期到来了。

在手的敏感期会特别喜欢抓软软的、细细的东西，在八九个月宝宝的世界里，软软乎乎的物体是最能吸引他们的兴趣和注意力豹。因为在这个时期，他们手的任何活动不只是手的活动，而是有着智性的目标，因为你的宝宝像大自然中的任何生命一样，到了这个阶段就会出现这个阶段的特征，那就是手的敏感期。

当他们捏碎了第一颗鸡蛋，发现这个圆圆的壳里竟然有一些黏糊糊的东西时，就会在打破并感受完第一个之后，再去感受第二个。只要有可能，他们会抓捏一切到手的软东西，面条、果酱、泥巴，总而言之，他们就是要去体验那“黏糊糊”的手感。

2.爱玩水和沙

当然，沙和水也是他们喜欢的东西。只要一有机会，他们的吸引力就会被沙子和水吸引去，即使再好玩的体育器材，再有意思的体育运动他们都不会参与，只是玩沙，玩水。他们会玩得十分专心，脸上一本正经的样子，对他们来说，这是最幸福的表情。如果成年人去阻止他玩，他就会与成年人抗争。

沙子虽然是固体的，但堆在一起会像水一样流动，它变化无常但又特别容易被掌握，有数不清的玩法，这在很大程度上满足了孩子想象力和创造力的需要，也会给孩子巨大的空间感和流动感。沙子是很奇妙的，水也一样。所以，孩子总会将沙和水融为一体，在它们之间寻找更好的玩法。其实，孩子对水的兴趣会一直持续到12岁，每天玩他都不烦。

有教育专家指出，孩子对可以变化的玩具兴趣很大，不过人的想象力是有限的，任何一种人造玩具都不能与大自然的伟大赐了相比。而对孩子来说，沙子和水就是大自然赐予孩子们的最好的礼物。如果，父母带孩子到湖边、海边去玩，孩子的心就会被沙子和水吸引去。在那些地方，沙子和水是连在一起的，当孩子玩沙玩到一定的程度，他一定会去玩水。

宝宝手的敏感期出现时，锻炼用手非常重要，我们生活中有些成年人不会用筷子、不会点钞、不会拴绳索都和童年时期敏感期发展时受到阻碍相关联。每个孩子就像一颗种子，在土壤中埋了几天后就会像花儿一样向外发芽吐叶。虽说我们无法预知这颗种子将来会长成什么样的植物，但是有一点是需要肯定的，那就是，无论谁都没有权利来干涉这颗种子的发芽。

3.关于“打”人

除了用手感受各种事物之外，“打人”也是手敏感期的一种特殊表现。通常，宝宝9个月左右时，手部的功能分化会有一个突然的发展，手腕到上臂的支配能力会有一个很大的突破。这时的“打人”行为只是在进行手臂肌肉运动的练习，这种行为会让他们体验到一种前所未有的乐趣，这就好比我们学会了某种技能，很愿意去使用它一样。

所以，关于孩子为什么会有“打人”这种行为，父母完全不用上纲上线。除了通过它来练习肌肉之外，我们也可以做如下理解：可能是为了吸引父母的注意力，让父母给予更多的关爱；也可能是想通过肢体动作来表达内心的真实想法，比如，“我不想让他玩我的玩具”；“我想和小朋友交朋友”；也有可能是宝宝的情绪太过兴奋而无法控制自己。

值得注意的是，当宝宝过了1岁，他在语言发育方面的发展，会出现能够发出“哒哒哒”的，类似“打”的发音这么一个阶段，而且手部也会随之做出相应的拍打动作，这是宝宝语言发育的一个必经过程。在这种情况下，如果家长给予了错误的引导，甚至是强化了这个动作，反而会变相地鼓励宝宝这种打人的行为。

所以，作为家长，无论如何都不能把宝宝的“打人”行为视为一种“暴力”倾向。更不能因此而给宝宝贴上“打人”的标签。其实，很多孩子所谓的“打”只是拍打，而非真正意义上的“打”，这是他们自我意识的一种反应。想想看，在你面前，只是一个语言表达能力还不够完善的孩子，当他根本无法用语言正确传递自己的真实想法时，只能本能地通过“打”这种行为来表达自己的情感。而不明就里的家长往往把这种行为看成是带有攻击意味的“打”。殊不知，父母在没有读懂孩子内心的情况下，又没能给予真诚的理解与关怀，这只能让孩子更加感觉不被尊重、不被理解、不被关怀。

家长顺势引导

1.给宝宝用手探索的自由

虽然成人的价值观往往会和孩子的价值观发生很大的冲突。但父母要知道，宝宝手的活动并不仅仅是手的活动，其中还有着智性的目标。如果父母对这些不了解的话，给宝宝设置很多障碍，比如1岁左右的孩子非常喜欢捏软软的东西，当我们发现孩子捏碎了一个鸡蛋，很多时候，会第一时间过去制止，担心划伤了手指，担心糟蹋了鸡蛋。其实这种做法不仅剥夺了孩子用手的自由，也剥夺了他认识世界的机会。

既然孩子对软的、黏糊糊的东西如此敏感，如此感兴趣，那么父母就应该给宝宝提供一些类似的物品供他用手抓，比如香蕉、打开的生鸡蛋、果酱、面条、乳酪、面团等，这些东西就可以作为孩子的安慰物。父母要知道，如果孩子没有机会接触到这些物品，他可能就会把自己的食物当做这种材料，甚至去抓自己拉的屎巴巴。

2.给宝宝摔不坏的东西

像现象二中的孩子那样，可能很多父母遇到过孩子摔东西，有的父母也许会问："如果给孩子自由，难道就允许孩子摔坏家里的东西吗？"其实，这里还需要父母来引导孩子。比如，现象二中的那个宝宝，每次喝完水都会把玻璃杯子或陶瓷杯子从头顶扔到身后去，结果就会摔坏。那么，父母完全可以给孩子不怕摔的塑料杯子或硬纸杯子呀，这样就不会摔坏东西了。当孩子发现杯子不能摔碎，听不到清脆的声音时，他还会纳闷，说不定就会去研究呢！但他发现杯子再也摔不坏时，他就不再扔了，他扔东西的敏感期就顺利过去了。

3.理解宝宝玩沙玩水的行为

如果父母回想自己小时候，可能就会找回自己玩沙玩水的记忆来。就是现在，如果我们到海滨的沙滩去，也会很自然地脱下鞋子感受那些细沙，感受那些海水，其实就是在最大程度上亲近自然，感受沙与水的魅力。即使现在，我们成人都愿意做这样的事，那何况是对玩沙玩水特别敏感孩子们呢？

尿与水是一样的，都有着巨大的吸引力。尤其是当自己把尿尿到土上，他会非常开心地玩尿泥。很多孩子都有玩尿的经历，虽然成人会感觉不舒服，但事实上童尿是安全的。即使孩子在玩尿，他也是专心的，投入的，如果父母无端地打断他，不仅会破坏孩子成长的机会，也很可能造就一个做事不专心，对任何事都没有乐趣的碌碌无为的人。

所以，父母一定要理解孩子的玩沙玩水行为，不但要允许他们去玩，更不要担心孩子的衣服被弄脏。与发展孩子的天性相比，弄脏衣服又算得了什么呢？脏了衣服可以洗，孩子的天性丢了可就找不回来了！当孩子的成长过程常常有人干涉打断时，还能期望这个生命长到理想的高度吗？

4.对宝宝“打人”别太敏感

很多孩子打人，其实只是拍打，而不是真的打，这是他自我意识的一种反映。因为孩子的语言能力还不是很强，所以不太会表达自己的想法。很多时候，他在打人时，会是在这样一些情况之下：生气了，父母不理解他了，别人离他太近了……也就是说，这些情形让他产生了不舒服的感觉，所以他就会用打人的方式来表达自己。

父母应该知道，当孩子发现自己无法用语言把自己的想法传递出去时，当他发现父母误解他的时候，他就会比较着急。这个时候，他就会本能地通过肢体来表达自己的情感。但是，肢体上的行为往往会被父母误认为是攻击性的，这时，孩子就更加感觉到不被理解，就会更加着急。

所以，父母应该注意观察孩子，如果是这样的情形，父母应该跟孩子说；“你是不是生气了？”“你是不是受委屈了？”“你想他走开，是吗？”等等。当父母帮孩子把他想表达的意思说出来时，他就会如释重负，就会感觉父母理解他了，也就不会再通过肢体语言——打人来表达自己了。

相反，如果孩子的“打人”动作被父母发现，父母就严加管教的话，孩子这种打人行为与父母给予的关注之间的因果联系很快就会被孩子觉察。这时，孩子就会非常聪明地意识到，父母关注其他事情时，只要他打人，父母就会关注他。所以，孩子就会把打人当成吸引父母注意力的一种方法。可见，父母对于孩子打人的行为不要太敏感，否则就会让孩子的打人行为转化成他的一种习惯，他以后可能就会真的打人了。

当然，父母还应该反省一下自己在日常生活中的行为，是否给孩子在无意间做了坏的榜样。比如，孩子不听话时，是否动手打过孩子，是否打过小动物，夫妻之间是否动过手等等。千万别忽视这些，也不要以为孩子小，不懂事，其实父母的一言一行都在孩子的眼中，是会被孩子模仿的。因为孩子具有吸收性心智，能吸收环境因素，是父母的镜子。所以，父母如果有以上举动，一定要及时改正。

5.正确表达爱

一般来说，当孩子能自己学会走路时，大部分父母就不会再像以前那样特别关注孩子的每一个动作、表情和每一句话了。也就是说，父母对孩子的关注少了，但是孩子希望父母关注的这种需求并没有减少。于是，孩子就会感到失落，就想通过打人的方式来吸引父母的注意力。所以，在日常生活中，父母还是要有意识地去关注孩子，向孩子表达自己对他的爱。这样，就可以有效避免孩子为吸引父母的注意力而打人、搞破坏等。

这么看来，作为家长，一定要善于观察孩子，引导他们把真实的想法表述出来，有的时候，一句简单的“宝宝，是不是受委屈了？”“你是不是哪里不舒服？”或是“你有自己的想法，对吗？”往往就能在亲子之间架起沟通的桥梁。当然，为父为母也要注意自己的言行举止，毕竟好父母才能养育出真正的好孩子。

除此之外，父母还应该教给孩子表达爱的正确方式，比如看到自己的孩子打其他小朋友，父母可以跟宝宝说：“你是不是很喜欢小姐姐呀？”也许孩子虽然没说话，但他“嗯”了一声，或使劲点点头。那父母就可以说：“你喜欢小姐姐，那就拉拉她的手吧！”父母还可以说：“你还可以亲亲小姐姐，拥抱小姐姐！”这样宝宝刚才打小小朋友的事情都忘了，同时也学会了正确表达爱。所以，对于父母来说，一定要注意让还没有灵活掌握语言的孩子学会正确地表达自己的爱，从而不是把注意力放在打人上。

宝宝手部发育历程

宝宝手部发育历程

新生儿小手呈握拳状，许多动作出自本能的反射行为，会反射性地抓住放入手中的物品，此时的抓握反射是最强的。

1～3个月	手掌大部分时间半开着，小手慢慢从被动抓握发展到有意识地主动抓握。3月龄左右，开始玩自己的小手
4～6个月	随着视力的发育，抓握时比前一阶段更具方向感，能在眼睛的指引下主动张开小手抓住物体。不过，多数宝宝仍无法灵活运用手指
7～9个月	能用拇指和食指的指腹捏住物体，拿到后，还会换手取另一样东西。9月龄左右时，能手脑并用地将积木放入盒子，再从盒子中取出
10～12个月	拇指和食指配合捏取物品已相当熟练；12月龄时，有些宝宝能五指并用地握笔涂鸦，或是翻书本
13～18个月	可以模仿划横道和竖道，能用积木搭一些矮矮的塔
19～24个月	小手更加灵活，喜欢玩橡皮泥；手眼协调能力更强，能熟练玩串珠等游戏
25～30个月	能搭一些具有空间感的物体，能模仿画画
31～36个月	会画一些简单的图形和填色；能将纸折成三角形、正方形等

07 LESSON 绘画敏感期：从胡乱画到有章法（2~5岁）

典型现象的捕捉

现象一：喜欢涂鸦，到处乱画

2岁左右的宝宝，开始喜欢到处乱写乱画，家里的每个角落都成了他们的画板，不管是铅笔、彩笔、粉笔还是钢笔，只要能画出东西来的都逃不过他们的手心。经常把家里的墙壁门窗搞得一团糟，而且根本看不出他们的“大作”究竟是哪个流派，要表现什么内容。所以，让每天打扫卫生的妈妈非常恼火。

现象二：痴迷画画，乐此不疲

4岁左右的宝宝开始对画画变得很痴迷，他们在这一时期喜欢画画超过了一切，只要拿起画笔就不肯放手，甚至不眠不休地去进行“创作”。

比如，你的女儿今年4岁，幼儿园老师告诉你，你女儿现在每天都痴迷于画画，其他的课一律不上了。于是为了配合女儿的兴趣，你为她买来了绘画书和教学光盘，结果你的女儿连吃饭睡觉都忘了，对着光盘上的教学一遍一遍地练习。

现象三：从“乱画”到“会画”

2岁左右的宝宝还只是乱画，而到了宝宝4岁半左右时，便开始关注自己绘画的细节。

比如，他们已经可以在画人物时，将人物的五官画得非常清晰了。6岁左右，孩子在绘画时，已经能用丰富的绘画技巧表达自己对周围事物的认识了。

蒙氏理论解析

敏感期中的宝宝往往对敏感对象表现出令成人不可思议的痴迷热情，而宝宝绘画敏感期到来时也是如此。一般来说，孩子的绘画敏感期要经过4个自由发展的阶段：

第一，乱画阶段。孩子在1岁多时，会拿起笔来乱画，并没有刻意想表达什么，只是把注意力放在握笔上。

第二，真正进入绘画状态。2岁多时，孩子就真正进入绘画状态，但他的认知能力有限，所以他在这一时期的画常常是一些抽象符号，成人是看不懂的。

第三，掌握形状阶段。在这个时期，孩子就能画三角形、圆形、方形等大概的形状了。他们只对宏观感兴趣，对细节却不在意，所以，他才会画出一张除了一只眼睛什么都没有的脸来。在这个阶段，父母千万不要站在成人的角度对孩子的画妄加评论。否则，就会毁掉孩子的绘画天赋。

第四，关注细节和表达。孩子在4岁半左右开始关注细节，他们在画一张脸时，五官是非常清晰的。6岁以后，孩子对绘画的兴趣更大，开始用丰富的绘画技巧表达自己对周围事物的认识。

在敏感期，孩子对敏感对象表现出来的痴迷、热忱的状态，使他们达到一种出神入化的境界，也使他们深入事物的本质，掌握事物，并最终改造和创造事物。毫无疑问，这一变化也在无形中净化着儿童的心灵，让孩子发现了非凡的美。

当绘画这种特殊的语言逐渐成为儿童描述他们对这个世界的认识和真实感受的时候，伴随他们成长的画笔不仅给他们带来喜悦，也不断地为家长传递着这样一个信息：比关注孩子艺术天赋更为重要的就是给孩子足够的自由，让他去画。因为只有有了自由，孩子才会按着自己内在的需求去创作；只有有了自由，孩子的内心才会变得强大，他们的创作热情才会延续。就如现象二的妈妈一样，正是因为她懂得遵循孩子内心的需求，孩子才能尽情地释放自己的绘画天赋。

家长顺势引导

1.允许孩子自由地画

一位妈妈在看到女儿突然对绘画痴迷时，就给她买了绘画的工具和纸张。星期六的时候，女儿一个上午都在画画，中午也没有吃饭，下午依然精神百倍地画。当女儿吃晚饭时，妈妈过去看女儿的画，发现她已经画了厚厚一摞，足足有50多张。

其实，当孩子在绘画敏感期时，父母应该尽量给孩子自由，不去干涉孩子，这样孩子才能真正享受这个敏感期，获得他应该获得的东西。要知道，给孩子自由，孩子的心灵才能够强大，他的绘画热情才能延续。

当然，家长给予孩子自由的时候，也并非对孩子的行为不闻不问，而是应该适时地给予必要的指导，给予孩子必要的赞赏、给予孩子手把手的教导、给予孩子最恰当的早教材料……

2.不用害怕孩子吃不消

现象二中的女孩和上面这个女孩都足以证明孩子对绘画的痴迷程度是父母难以想象的。可能有的父母会很担心，这样的话，孩子的身体能受得了吗？应该让孩子持续这样做吗？

这种担心很正常，因为父母都爱孩子。但是，这种担心也是多虑的，要知道，孩子具有吸收性心智，他的学习热情和毅力是非常惊人的，而且这种热情与毅力不是后天培养的，而是与生俱来的，根本就不用父母来夸奖他，也不用刻意去培养。如果父母拿着成人所谓的经验和想法来干涉孩子，就会严重破坏孩子的热情和毅力。

3.给予恰当的指导但不急于纠错

在宝宝的绘画敏感期，父母一定要给孩子提供一个充满自由的绘画环境。千万不要急于指出或纠正孩子的错误，也不要对孩子进行培训。倘若对孩子大加否定，孩子的绘画艺术细胞就都被杀死了。

当然，不急于纠错，并不代表对孩子的绘画不闻不问。在孩子需要的时候，给予他耐心的、必要的指导，这种指导是为了满足孩子内心的某种需求所做的指引。比如，孩子可能不太关注细节，这时父母就可以有意识地提供机会让孩子去接触事物，观察事物，孩子自然会关注到那些细节。

Part 3 动作敏感期（0～6岁）

孩子从出生后就进入了动作敏感期，当妈妈把手指放到婴儿的小手心里，他立即会抓住不放，若是将某个东西靠近他的嘴角，他也会迅速地吮吸，这些都是孩子在动作敏感期的体现。

01 LESSON 行走敏感期：不走寻常路（0~3岁）

典型现象的捕捉

现象一："跳跃"和迈步

行走的敏感期大概在孩子7个月大时开始出现。起先拒绝坐，不断要妈妈拉着双手跳，他喜欢站在父母的腿上跳跃，每跳一次，他就咯咯地笑一次，非常开心的样子。但是，当父母想停下来休息一下时，他是不肯的。

同时七八个月已经想自己迈步走了，尽管他们大部分还站不稳，但是只要手扶着东西或者被父母扶着，能找到一个平衡，就会跃跃欲试迈开双脚。

现象二：不走寻常路，专挑坡路走

1岁左右正在学步的宝宝最累人，不仅因为要弯腰拉着他走，更重要的是，平坦的路他还不爱走，看到小桥或坡路就来劲，非得上去走一走，而且一遍还不行还得反复走。努力拉着他的妈妈已经满头大汗，可是他自己却走得不亦乐乎。

现象三：楼梯、台阶走不够

学步期的宝宝对平路不感冒，可是一看到楼梯、台阶就高兴，他们迈开小腿、抬起小脚，一步一步往上爬，走到最高处再折回来重新走，这让住高层的妈妈头疼不已，因为刚陪宝宝爬上来，他却非得再走下去。

现象四：小水洼，我来啦

一两岁的宝宝很多都已经能自己走路了，能够自由行动的他们，更是想上哪儿就上哪儿。但是大部分他们所去的地方，在家长看来都不是什么好地方，尤其是当他们看到下过雨后路上出现的小水洼，都会毫不犹豫地冲过去，然后一阵狂踩，才不管鞋子湿了、裤子脏了这回事儿呢！

现象五：漫无目的地行走

1～1.5岁是孩子行走的漫游敏感期，他们喜欢不断自己走动。他们这玩玩那玩玩，很不专心，专注于一件事物时间很短。

现象六：爱走路，自己走，走不累

1岁多的宝宝都喜欢走路，而且还得是自己走，他们步子还迈不稳就想挣脱父母的双手，自己摇摇晃晃地往前奔，你扶他一下，他还不乐意，一把把你的手推开。就连平常最喜欢被妈妈抱的“嗜好”都戒了。

比如你1岁多的儿子最近非常爱走路，你带儿子上街的时候，儿子都不让你抱，而是要求自己走路。因为商场人特别多，你想抱着儿子乘电梯上楼。可刚把他抱起来，小家伙就不干了，大哭大闹，挣扎着要下来。你只得把他放下来，他就拉着你的手，来到步行的楼梯口，一步一步地上了楼梯。你也许感到有些纳闷，心想：“儿子以前不是这样的啊，老是喜欢让我和他爸爸抱，可为什么最近就特别爱走路了呢？而且走路越多越高兴！真是想不通！”

现象七：跳来跳去真好玩

2～3岁是跳跃的敏感期，到2岁的时候，宝宝已经能够自如地走、跑、跳，非常活泼好动，而跳跃也是儿童行走敏感期的最高阶段的自我训练。在这一时期，他们看到台阶就往上跳，然后再跳下来，多高的台阶都敢尝试。同时，跳楼梯、跳绳、跳房子……都是他们爱玩的游戏，蹦蹦跳跳对他们来说是如此有吸引力！

蒙氏理论解析

通常，孩子行走的敏感期会从七八个月大持续到两岁以上。可能很多父母都有这样的经历：七八个月大的宝宝会让父母拉着手或架着胳膊，他在父母的腿上跳跃，或者迈开双脚往前走，这些都是宝宝即将进入行走敏感期的表现。他会通过练习跳跃这些动作，来锻炼自己的腿和脚，为行走做好准备。

等到了学步期，宝宝便真正进入了行走的敏感期，这时候他会乐此不疲地行走，这时候，对父母来说，也是最累的时候。因为孩子会喜欢上下坡，会喜欢上下楼梯，是自己走，不需要父母来抱的。

当孩子学会自如地走路时，他的腿脚的功能已经渐渐被唤醒了，所以他在走路时会有一种强烈的用脚探索的渴望。所以，他就会去不平整的地方走，专门去踩小水洼，专门去踩那些又脏又乱的地方，等等。就像现象中的小男孩那样，即使是自己的尿形成的“小水洼”，在他的眼里也是无比快乐的源泉，所以他当然不会放过了。

在孩子的眼里，越是这些地方就越有意思，越能激起孩子去探索腿脚功能的欲望。所以，他在这段时期内会乐此不疲地捡那些脏、乱、差的地方行走。作为父母，应该积极地欣赏孩子的行为，而不是横加干涉或阻止。

家长顺势引导

1.知道孩子对什么感兴趣

作为父母，应该知道孩子在行走的敏感期对什么感兴趣。比如，孩子不仅仅对楼梯很感兴趣，而且对带“坡”的空间都非常感兴趣，他会喜欢路上的斜坡，会喜欢滑梯，也会喜欢商场超市里带坡度的电梯，等等。

之所以孩子会喜欢这些地方，一方面这是他对空间进行探索的一种表现，另一方面也是他在培养双脚这个行走工具，增强腿脚的功能。孩子只有反复地去感知腿脚的功能，他腿脚的潜能才能被逐渐地激发出来。当父母了解了这些，就应该给予孩子行走的自由，而不是按照自己的意志“替”孩子行走——抱着孩子走路。父母要做的是跟在孩子的后面，他走你就走，他停你就停，这样才叫帮助孩子成长。

2.一定不要厌烦

孩子在这个敏感期内，会发狂般地走路。但是，因为孩子走路不稳，个子又矮，当他一刻也不停地去他想去的地方时，父母就要跟在他的后面，时刻准备弯腰去扶他，从而免得孩子摔倒。这就会使得父母非常劳累，宁愿把孩子抱在怀中而不想让自己一直弯腰跟着孩子的脚步。尽管如此，父母也一定不要厌烦。因为这就是孩子行走的敏感期，孩子不这样反而就有问题了。

另外，孩子特别乐意去那些脏、乱、差的地方行走，虽然孩子会把衣服、鞋子弄脏，但是父母尽量不要去干涉孩子，更不要轻易去阻止孩子，而应该尽量去满足孩子的探索需求。孩子在这个期间，在探索的过程中，难免会把衣服弄脏，但是父母也不应该以此为理由拒绝孩子去探索。

如果父母因为厌烦而去阻止孩子的话，孩子的这一敏感期就会延迟到2岁多甚至是3岁才出现。所以，父母一定要以孩子成长的大局为重，切不可影响孩子的健康成长。

3.不要害怕孩子跌倒

有句话说：“在哪里跌倒就在哪里爬起来！”这句话对于这个年龄段的孩子同样适用。很多父母不允许孩子去自由探索，还有个原因就是怕孩子跌倒，怕他遇到危险。其实这种想法也是多余的。孩子在小的时候，尤其是在探索腿脚功能的时候，不跌倒几乎是不可能的。但是孩子跌倒也不是什么可怕的事情，即使把腿脚磕破，也会很快愈合的。

孩子只有经历过“跌倒”，他才会“爬起来”，才会有新的成长。所以，作为父母，一定要看明白这个问题，让孩子尽可能地多去探索。

4.提供良好的感知材料

处于行走敏感期的孩子关键是要用腿脚来感知世界，他想到哪里去，想用什么样的形式来让腿脚获得感知，只有孩子自己知道。父母只有在理解孩子的基础上，才能为孩子做好选择。不过，有时候，因为天气条件或外部环境不好时，孩子就不能很好地去感知腿脚的功能。这时候，就需要父母为孩子提供一些良好的能用腿脚感知的辅助材料或设施。

虽然说，孩子行走的敏感期要顺其自然，但却不能由孩子自己发现可供探索的材料。父母应该为孩子提供可以用腿脚探索的环境和材料，并协助他去探索。这里提醒一下父母，让孩子穿带笛子，会响的鞋子是非常不可取的。因为在孩子走路的时候，这种新奇的鞋子会发出尖利的响声，这会扰乱孩子对腿脚的感受，会干扰孩子对周围事物的观察，让孩子心烦意乱，并要求妈妈抱，而不愿意自己去感知来自腿脚的感觉。

5.适当地抱孩子一下

在行走的敏感期，孩子会感受到自己是一个自由的、活跃的个体，从这时候起，他拥有的空间能力就往前迈出了一大步。不过，当孩子的行走能力得到充分的发展之后，他可能会重新回到父母的怀抱，尤其是从妈妈的怀抱中寻找温暖和爱意。这时候，妈妈也要适当地抱着孩子。

比如，某一天，孩子走了很多路。他应该还能继续往前走，但他突然回过头来，对妈妈说："妈妈，抱抱！"这时候，妈妈就应该去抱起他来，而不应该说："都会走了，还让妈妈抱?"因为，如果妈妈不抱孩子，孩子心灵的那种需求就得不到满足，他就会以为妈妈不爱他了，可能会给他幼小的心灵留下创伤。

游戏活动

踩影子

游戏目的：锻炼宝宝动作的协调性，发展宝宝灵活应变的能力。

游戏玩法：

1.晚饭后散步时，路灯下影子的变化这一现象本身就令孩子感兴趣。家长跟宝宝说："我们来玩儿踩影子的游戏吧。"

2.宝宝同意后，宝宝和家长开始边躲边踩的"踩影子"游戏。

提示：踩影子游戏的场地和规则方便、简单，只要有影子的时候都可以做。

举一反三：行走游戏能起到转移目标，激发孩子兴趣，以达到让其走路的目的。除了踩影子之外，根据行走敏感期宝宝不走寻常路的特点，可以给他们玩"走线"、"过桥"等有一定难度和目标性的游戏。此外，捉影子游戏大家小时候都见过吧，试试看，一定能逗起宝宝的兴致。

02 LESSON 探索空间敏感期：用各种动作探索空间（0~4岁）

典型现象的捕捉

现象一："抓"起来，"扔"出去

1岁之前，你的宝宝开始很喜欢抓起东西然后扔出去，动作越来越娴熟连贯，一开始他抓得没那么准确，也经常扔到身后找不到。后来通过一次次练习，他能很准确地抓起眼前的物品，并向前扔得越来越远。他不停地将东西扔出去，通过物体的位置探索空间，通过物体的运动探索空间，通过不在视界中的物体探索空间，还通过弯曲的视界探索空间。他们由此得到空间感，形成空间概念。

现象二：手指会"钻洞"

不到1岁的宝宝就开始注意并研究玩具上的小洞，他喜欢把自己的小手指插进这些小洞中，或把圆环状的物体套在手腕上，然后把自己的手举起来给你看。比如，你1岁的宝宝看到他平常玩儿的小鸭子肚皮上有个小孔，他就会努力地将自己的食指往里塞，一旦塞进去，他便骄傲地举起手上的鸭子给你看，好像在说："看！我的手指钻进去了！"

现象三：爱玩"插孔"游戏

再大一点，不管是吸管、暖壶塞、钥匙，宝宝都喜欢给他拿到的新玩具找个"家"，他会反复地把吸管插进带孔的饮料盒里面，会把暖壶塞塞进暖壶里，会把钥匙插进钥匙孔……只要是发现哪个东西可以插孔，他就会开始这种游戏。

现象四：用"旋转"的方式感受眩晕的世界

2岁左右的宝宝刚刚能走得很好没多久，可是他们却爱上了速度很快又危险的"旋转"运动。比如，你2岁半的女儿最近非常喜欢转圈，刚开始的时候，她不停地围着大人转来转去。有时候，她也会牵着大人的手在屋里旋转。只要一转，她就非常高兴。后来，她可能觉得这样不太过瘾，于是就自己站在原地不停地转圈、旋转。不过，你总是有点担心，怕她转晕了摔倒。但是当真的她转得快晕倒的时候，她却会自己找个地方扶着，然后站一会儿。

现象五：喜欢捉迷藏

2～4岁的宝宝非常喜欢捉迷藏，不管是跟家长还是跟幼儿园的小朋友，他对这个游戏都情有独钟，他们喜欢把自己的身体藏在一个看上去隐蔽的小空间里，然后等着别人去找，并享受这种小空间带给自己的乐趣。同时他又希望自己被找到，他很享受那种被找到后的刺激感。当你找不到他时，他甚至会发出声音，提醒你他在哪里。

比如，一位妈妈发现儿子喜欢捉迷藏，他喜欢藏在被窝里让妈妈找，只要他听到房间外面有动静，认为这是妈妈来叫他起床时，他就会立刻以最快的速度把头蒙起来，等着妈妈来找，在他看来只要把头蒙起来就是捉迷藏了。每天早上儿子都会这么做，只要找到他，他就会立即起床。不过，如果是在幼儿园，他就不会藏在被子里，而是藏到某个角落，或是桌子底下，如果小朋友找不到，他就会大声喊："我在这里！我在这里！"

现象六：垒高高，再推倒

三四岁的宝宝对垒积木这件事已经驾轻就熟，而且非常沉迷，他们一遍一遍不厌其烦地将所有的积木高高垒起，再轰隆一声推倒，然后露出满意的笑容，接着再重复以上动作。有些小宝宝甚至已经不能满足于积木带来的快感，而是开始把家里能搬动的椅子凳子，有多高垒多高，然后推倒，看到自己推倒的小凳子在地板上东倒西歪的样子，宝宝可是一点都不心疼，还有点胜利者的姿态。他们会非常满足地看了一会儿，再把它们垒成刚才的样子，然后再次推倒……很多妈妈觉得自己的宝宝变成了破坏王，还把家里弄得乱七八糟，凳子也经常被摔断了腿，而这个小家伙却一点罪恶感都没有！

蒙氏理论解析

1.通过各种动作来探索空间

不管是抓、扔、转、钻、藏、垒，对孩子来说都是在训练他的动作，属于动作敏感期的范畴，实际上也是一种运动。蒙台梭利曾说："运动除了增强体质以外，对心理发展本身也起着非常重要的作用。"比如孩子特别喜欢旋转一样，每个孩子都有喜欢旋转的时期，因为他突然发现自己生活在一个自由的空间里，所以就会用旋转的方式感知这样的一个空间。

当然，这个敏感期也是孩子探索空间的敏感期，通过这些行为，孩子会得到空间感，形成空间的概念。遗憾的是，很多父母并不了解孩子有探索空间的敏感期，更不知道这个时期甚至比黄金还贵重，以致于这些父母错过了引导孩子的好时机。

2.用手来完成空间初探

在蒙台梭利看来，有两样东西与人的智慧密切相关，那就是舌头与手。当孩子能够自由地使用自己的手时，手就成了他展示智慧的工具。前文提到孩子用手抓东西、扔东西等，那都是他在用手探索。随着孩子的成长，他就会用手去插孔，像插吸管、钥匙、瓶塞等，而且会反反复复。

实际上，孩子用手去插孔来探索空间也在提升他的动作能力，锻炼他的手与眼睛的协调能力，同时也锻炼手部的肌肉，构建他的专注力。在探索空间的敏感期，孩子有这样的行为是非常正常的，这表明孩子的手有足够的灵活性。其实，在孩子插孔、盖盖子等这些基本工作的重复中，他在锻炼手的组装能力。

3.用捉迷藏来玩转空间

随着宝宝一天天长大，通过各种动作的练习，他逐渐明白有形的空间是容纳物品的地方。但是，有一天，他突然发现某个空间也可以容纳自己的身体时，他就会感到非常的好奇，就会频繁地用自己的身体去感知这种神奇，体会空间带给他的乐趣，并且乐此不疲。孩子对这个游戏“情有独钟”。另外，孩子也会在捉迷藏的游戏中获得各种方位的概念。当孩子四五岁时，他就会与其他小伙伴玩更多规则复杂的捉迷藏游戏了，并且会在游戏的过程中注意观察周围的环境。

4.通过垒高来有意识地进行探索

垒高行为也是同理，虽然1岁多的孩子就能把积木垒得高高的，而且也会把积木推倒，当父母做出了被逗笑的反应后，孩子就会对垒高再推倒这件事非常感兴趣。但是，这种感兴趣大都是固守在对父母反应的兴趣上，而不是对垒高再推倒这件事本身感兴趣。

三四岁的孩子对垒高这件事感兴趣却是自发的一种感觉，可以说是探索空间敏感期的一种特殊表现，也可以说是喜欢垒高的敏感期。也就是说，孩子在这个时候会通过垒高再推倒的方式感知周围的空间。所以，像现象中看到的那样，你的宝宝就是这样不厌其烦地玩着垒高的游戏。

家长顺势引导

1.学会在背后做一个欣赏者

当宝宝处在探索空间的敏感期时，父母要想让孩子的心理得到健康成长，让孩子的潜能得到最大程度的发挥，就应该学着承受一些压力，学会在孩子背后做一个默默的欣赏者，而不要过多地担心“卫生”“安全”等问题，给孩子充分的自由，让他尽情地探索，尽情地成长。

即使遇到所谓的危险，父母也不要把这种危险说出来，否则就会让孩子在很大程度上产生危险感，从而使得对空间、对世界的探索行为过早地离他而去。比如子爱上旋转这种家长看来非常“危险”的动作，父母也最好不要干涉他，因为他在用这种方式探索空间。科学研究表明，旋转对于促进孩子的大脑成长有着积极的作用，而且还能提高孩子的平衡性和协调性。

父母要做的是尽可能地给孩子提供一个适合的旋转环境。比如，可以让孩子在客厅里旋转，当然要把那些容易让孩子受到伤害的障碍物，如带棱角的茶几、椅子等暂时搬走，当孩子顺利度过这一敏感期后，再把客厅恢复原样。

2.允许宝宝自由地插孔

很多父母看到孩子“无缘无故”地到处乱插孔时，就感觉孩子是在“捣乱”，有时候甚至会严厉地呵斥孩子。因为这些父母不了解孩子的敏感期，只想把孩子培养成为一个听话的、循规蹈矩的孩子，于是就想法设法约束孩子的这些“破坏性”的行为。但是，父母眼中的“乖宝宝”的感受空间的能力、想象力、创造力、智力潜能、动作协调能力都会比较差。所以，父母尽可能地不要去呵斥、约束“捣乱”的孩子。

在插孔的敏感期，孩子盖瓶盖、插钥匙、插吸管等行为在一些父母眼里，还是能够允许的，但是如果孩子把牙签插到锁孔里，把吸管插到暖瓶里……很多父母可能就容忍不了了，就以为孩子是在“捣乱”。

其实，这时候，父母依然要忍耐，因为这也是孩子探索空间的表现。父母只要欣赏孩子游戏就好，但可以适当地引导孩子：可以用钥匙插锁孔，但不能用牙签插锁孔，那样就不能用钥匙打开锁了。遇到这种极少遇到的事情时，父母要善于运用智慧去引导孩子，而不是呵斥他，更不是打骂他。

3.要找到“藏”起来的宝宝

对孩子来说，捉迷藏就是为了让人找到他，越是被找到，他就会越高兴、越快乐。相反，如果他藏起来后一直没有人能找到他，就会打击他的积极性，孩子就会渐渐对捉迷藏失去兴趣。如果家长假装找不到他时，孩子就会自己喊出声来，提醒父母他藏在了哪里。可见，孩子对于捉迷藏与成人理解的捉迷藏是不太一样的。既然我们已经知道孩子喜欢被找到，那就尽力去把“藏”起来的孩子找出来吧！

在孩子的眼里，捉迷藏有着无穷的乐趣；可在成人眼里，捉迷藏可能没有一点乐趣。尽管如此，面对喜欢捉迷藏的孩子，父母也应该配合他，要有足够的耐心，千万不要烦躁。要下定决心，珍惜孩子的每一个敏感期，不让敏感期白白错过。虽然自己很累了，但还要打起精神陪孩子继续捉迷藏。

父母甚至应该为宝宝提供捉迷藏的合适材料和场地。比如给他一个大纸箱当玩具，让他可以藏在里面，可以在里面放他自己的东西，让他享受小空间带给自己的快乐。总之知道该怎样给孩子创造机会，满足孩子的心理需求。

其实，每个孩子都是这样，喜欢从小空间进入大空间、从大空间进入小空间的重复行为。在重复的过程中，孩子既体验到了“大空间”和“小空间”带给他的乐趣，也锻炼了自己动作的灵活性与协调性。

4.支持孩子的垒高行为

很多父母也许会认为，每样物品都有自己的用处，但是对于三四岁的孩子来说，他只想把自己的玩具或其他的物品垒高，并从垒高再推倒的过程中感受到乐趣，从中感知到空间的存在。所以，当看到孩子把玩具都垒高，甚至是把吃饭用的盘子、碗等都垒高时，千万不要生气，也不必告诉孩子盘子和碗是用来吃饭的。当然，父母也不用担心孩子会把盘子、碗等打碎了，只需要让他尽情地垒高就可以了。

孩子开始垒高的时候，是随机性的，有时候还等不到他垒得很高时就自动倒了。不过，尽管如此，孩子也不会难过，反而也还是很高兴的样子。如果父母能在这时候，借机让孩子了解更多的空间概念就更好了。

比如告诉他让他把大积木放在下面，把小积木放在上面，慢慢地，“高楼”越来越高，而且一直没有要倒的意思。这样，他就慢慢知道该怎样垒高了。因为他已经能分辨大小了，知道把大积木放在下面，而把小积木放在上面。孩子的空间感就这样在游戏中获得了。所以，父母可以用这样的方式，让孩子了解更多的空间概念。同时，也能在这个过程中锻炼孩子两只手的动作协调能力。

游戏活动

拆装积木车

游戏目的：训练宝宝认识空间和方位，熟悉方位语言。

游戏玩法：

1.家长准备可拆卸的积木车（或具有内部结构的积木玩具）。

2.让宝宝将积木车拆开。

3.开始装车。

4.在宝宝装车的过程中，提示孩子“先安装下面的车轮，然后安装车身”“后面的座位不要忘了，前面是方向盘”等，让孩子了解前、后、左、右、上、下、里、外等方位知识。

提示：“拆装积木车”需要运用手部精细动作，对宝宝来说有一定难度，家长在游戏过程当中可以给予适当指导和帮助，以提高宝宝玩下去的耐心和信心。

举一反三：这个阶段的宝宝对空间探索非常感兴趣，动手能力也非常强，家长可以通过垒积木、拆装玩具或生活用品的方式来增强宝宝的方位感和动手能力；还可以玩捉迷藏，或把装冰箱、洗衣机等的大纸箱子拆开让宝宝玩“钻洞”游戏，满足宝宝身体对空间的探索需求。

03 LESSON 动手敏感期：从徒手操作到利用工具（1.5～4岁）

典型现象的捕捉

现象一：用手体验物体特性

从1岁半开始，就进入了手的敏感期，通过操作，宝宝可以直接体验、理解物体的各种特性。儿童有一个抓的过程，一把抓，二指抓，三指抓。有些成人手笨都与童年期手的发展有关。

现象二：用剪刀剪纸

3岁左右的宝宝开始真正有意识地使用工具，喜欢上了一种锋利的工具——剪刀，他们非常喜欢玩儿剪纸游戏。开始的时候他们只是胡乱地剪啊剪，到后来按照自己的折痕剪得整整齐齐，最后能按照纸上所画的线条剪出各种图形。

比如，一个3岁多的小女孩突然迷上了剪纸，她早晨起床后的第一件事不是上卫生间，而是去拿剪刀剪纸；从幼儿园回到家的第一件事也是剪纸。妈妈知道，女儿酷爱“剪纸”一定是有原因的。于是，妈妈每隔几天就买回一大卷纸让女儿去剪。不过开始她剪得一点也不好，大概过了一个月，她突然不乱剪了，而是喜欢按照某个线来剪了。而且，她还要求妈妈在纸上画出各种线、各种各样的图案，然后她就顺着线，用剪刀剪出各种简单的图形。再后来，她能剪的图形越来越复杂。

现象三：剪完后“贴”起来

这是剪纸游戏的一个延续动作，宝宝从一开始的只是一味地去剪，到后来剪完之后把剪过的图形粘在一起，或者贴到墙上，他们在做这些的时候神情非常认真和专注。

现象四：剪完图形还要涂色

宝宝在按照图形将手里的纸剪出自己想要的形状后，除了会选择粘贴之外，还有一些宝宝会给剪好的图形涂上自己喜欢的颜色。刚一开始，他是想怎么涂就怎么涂，没有一点章法，完全是随心所欲。后来，他就能把所有的物体涂成五颜六色的了。最后，他已经能够很好地搭配颜色了，涂出来的“作品”也很像那么回事了。

蒙氏理论解析

一个人的动手能力如何，能看出一个人的动脑能力怎样。所以手的发展很重要，在手部动作发展的敏感期，一定不能错过和荒废，否则就会培养出一个拙手笨脚的“乖”孩子。孩子是很文静，什么都不敢动，但是却耽误了他身心的发展，到底还是得不偿失的。

尤其到了三四岁的年龄，孩子会自然爱上剪、贴、涂等动作，会专心致志地做这些事情。但是很多家长担心剪刀的安全性，不敢给孩子用这么锋利尖锐的东西，而且对于孩子剪的满地纸屑和乱七八糟的图形颇有微词，他们希望自己的孩子守规矩、爱干净，而完全看不到自己的孩子在做这些事情的时候是多么的专注和认真。这样就会生生限制了他的自由发展。

作为父母不仅不应该制止孩子剪纸等动手行为，还应该有意识地给孩子剪纸、剪图的机会。我们应该意识到玩纸、剪纸、撕纸等是孩子普遍喜欢的一种活动，而纸也是孩子的一种天然学习工具。至于他是怎么安排剪纸、贴纸和涂色的，可能只有孩子自己清楚，成人是无法了解透彻的。很可能是孩子在按照自己心灵胚胎的指引去构建自己。父母能做的，就是让他去完成这些事情，尽量不去打扰。

当然，有的孩子的这个敏感期可能会滞后，也很正常。只要是不超过6岁，在父母给予的爱与自由的环境下，孩子就能补上这个敏感期。

家长顺势引导

1.给宝宝剪纸、剪图的机会

作为父母，应该有意识地给孩子剪纸、剪图的机会。一位父亲在孩子2岁半的时候就给儿子剪图的机会了，他先是剪给孩子看，然后再让孩子模仿着剪。不过，当时孩子还剪不出什么东西来，只能把纸剪开。到了3岁时，孩子就喜欢把书中的图画剪下来。然后，他就用胶水把图画粘在一个本子上。这时候，孩子的手筋还没有发展得足够好，所以，还不能剪得很整齐。尽管如此，孩子还是发展了自己的动作，学会了使用剪刀这样的工具。孩子到3岁半以后的时候，他就能剪得很整齐了。

总之，孩子做这样的事情就能提高动作的灵活性，虽然父母不能教孩子做精细的工作，比如写字，但是剪纸、剪图是不难做的。此时，父母不要强迫他剪好，他喜欢怎样剪就怎样剪，能剪成什么样就剪什么样，完全随心所欲，父母不必勉强。这样，孩子手的灵活性就能无形中得到很大的提升。

2.为宝宝提供涂鸦参考书

宝宝在这个敏感期，不仅喜欢涂色，还可能喜欢涂鸦。当然，这也是绘画敏感期的表现。父母要想让孩子的涂鸦“工作”进行得更好，就应该有意识地为孩子提供一些涂鸦的参考书，并向孩子讲解书中的内容，指导孩子去模仿，去学习。过一段时间，父母可能就会发现，孩子能将画画出来了。随着孩子运笔能力的提高，孩子可能就不会再满足于涂鸦，他就会慢慢地有目的地去画一些东西了。

当然，在孩子涂鸦的过程中，父母不必要求孩子必须这样画，或那样画，也不要要求孩子画什么，否则就会打消孩子的积极性，甚至引起孩子的反感。

3.教宝宝进行手工制作

手工制作也能很好地锻炼孩子的动作的灵活性，教会孩子使用更多的工具，还能提升孩子的思维敏捷性。在教孩子手工制作时，父母一定要记住，过程远比结果更重要。在这个过程中，父母不要有功利心，要给予孩子自由，让他在自由的状态下进行他感兴趣的手工制作。

家长要做的是给宝宝准备一些做手工的材料和工具，甚至可以给孩子准备一个手工材料箱。常见的手工材料和工具有：盒子、硬纸片、装饰纸、泡沫塑料、彩球、荧光贴纸、胶水、水彩笔、白纸、棉线、纸袋、彩带、安全型剪刀、不干胶贴纸、尺子、碎布、细绳、可以剪裁的图画书、废弃的家用工艺品或装饰物等等。

04 LESSON 协调性敏感期：身体和大脑的亲密合作（0~4岁）

典型现象的捕捉

现象一：向前爬

7个月左右的宝宝开始学爬，对于婴儿来说，爬是最初也是最好的锻炼身体协调性的运动，爬行带来腿和手的谐调运动，也增加了腿、手的肌肉力量和运动神经的控制能力。这时的儿童比以往任何时候都会感到鼓舞，因为他从此获得了真正的独立。

现象二：走路，以稳健的步伐

2岁左右的幼儿通过个人的努力学会走路，并逐渐取得平衡和获得稳健的步伐，学会直立行走并能走得很稳，这使他的协调性得到了质的提升。

现象三：向上爬

2岁左右的宝宝已经能走会跑，此时的他们已经不能满足于脚下这些已知的世界了。他们早就对书柜上面那个箱子“觊觎”已久，想要看看里面藏了什么宝贝，于是便抬起腿来试着往上爬了起来，这个动作比往前爬更难，它需要手、眼、身体和大脑判断力的相互配合，是一种高层次的协调性训练。

但对于这样喜欢登高跳低的宝宝，家长们总是很头痛，万一摔到了可怎么好呢，于是总想上去帮帮他。比如，一位父亲看到3岁的儿子正努力地往写字台上爬，儿子的一只脚已经踩稳了一个支点，另一只脚正在试图寻找另外一个支点。这时，这位父亲就立刻把手垫到了孩子的脚下，帮孩子顺利地爬上了写字台。当孩子爬上去后，这位父亲还美滋滋地想："看，我一方面帮孩子顺利完成了探索行为，另一方面也培养了他的安全意识。"

现象四：发现新"玩具"，发明新"玩法"

大部分的宝宝对玩具都会非常感兴趣，但是又没有长性，对于那些他玩过的玩具很快就会失去兴趣，而且对于真正的玩具，很快就会不再乐意玩儿，而开始对不是玩具的生活用具发生兴趣。他们不知道这些"玩具"的真正功能，但是他们会自己按照自己的想法去创作新的"玩法"。

比如，一位妈妈发现3岁的儿子对以前给他买的那些玩具，像积木、拼图什么的，都不感兴趣了，反而喜欢上了日常用具。她发现儿子对几个装东西的盒子很感兴趣，他把盒子里的东西倒空，然后把盒子放到头上当帽子，一会儿又把它给洋娃娃当房子，玩得不亦乐乎。过了一会儿，儿子放下箱子，又开始拿起了卫生纸，他把卫生纸在房间里铺成了长蛇阵，他伸展着小胳膊在上面"小心翼翼"地行走，就好像在模仿平衡木运动员做高难度的动作一样。又过了一会儿，儿子又拿起了一本书来，把它卷起来，放在嘴边当话筒；他又拿起一截塑料管来，放在眼前，好像是当望远镜似的……总之，各种日常用具在儿子的眼里，好像都是很好玩的玩具，都能让他玩得非常开心。

蒙氏理论解析

宝宝通过爬和行走来锻炼身体的协调性，又通过手来完成自己所想的玩具的新玩法来达到脑和手的协调。

1.关于“爬”的错误观念

“爬”对孩子来说是一项非常重要的协调性运动，而且爬的敏感期是不可复制的，这个敏感期过了之后就不会再重来。所以，现在有很多小宝宝过了一岁都还不会爬，就是因为父母的失误让他们错过了爬的敏感期。在宝宝该学爬的时候没有引起家长的重视，而且为了表现对孩子的爱总是一天到晚抱着他。试想宝宝总是被舒舒服服地抱在怀里，怎么可能有机会学习爬呢？

关于“爬”家长们还有另外一个爱犯的错误，就是像现象三中的那个父亲的做法，他把手放在孩子的脚下让孩子顺利爬上写字台，以为这样时在帮助宝宝。其实这种做法并没有培养孩子的安全意识，反而造成了孩子安全意识的丧失。因为，有了这次被帮助的经验后，孩子就会觉得，当他踩空或寻找支点时，就会有一只手来帮助他。在这种错误的意识下，孩子在以后往上爬时一旦失去保护就很容易受伤。同时这种帮助对他自身手眼身体和大脑的协调合作也没一点好处。

2.日常用具才是真的玩具

从出生到4岁，几乎所有的孩子在这个期间都喜欢玩具，喜欢各式各样的玩具。在他的眼里，玩具永远也不够，总会有他想再买的玩具。但是，有时候，孩子也会厌烦玩那些真正的玩具，但是他并不是排斥玩具，而是会发现新的玩具。比如，家里的日常用具常常会被他开发成具有某种功能的玩具，尽管那种功能实际上并不存在，但孩子却当它存在。这就是孩子玩日常用具的乐趣所在。就像上面现象四中的3岁男孩，好像家庭中的各种日常用具都能成为他把玩的玩具。

儿童教育专家指出，孩子之所以会喜欢玩日常用具，是因为他在玩的过程中可以发挥主观能动性，可以自己决定怎样玩，并能变换出很多花样。其实，在孩子的眼里，似乎所有的日常用具都可以用来当玩具，他在玩的过程中也能带给自己无穷的乐趣，更可以锻炼手和脑的灵活性和配合度。所以，父母要允许孩子玩各种他可以玩的玩具。

家长顺势引导

1.允许宝宝自由爬高、跳低

前面已经提到，大多数孩子到了2岁左右就会特别喜欢爬高，比如爬上桌子、椅子甚至是窗台，当然也会跳低，即从高处往低处跳。但是，很多父母会以危险为理由拒绝孩子这样做。当然，还有的父母被孩子的这些行为搞得筋疲力尽而又无可奈何，所以就会下狠心去约束孩子的行为。其实，父母的这些做法都严重阻碍了孩子的正常发展。

父母应该知道，孩子之所以会这么热衷于爬高、跳低是因为孩子有相应的心理需求。如果父母强行干涉孩子的行为，孩子的这些心理需求就得不到满足，那么他的身体动作的潜能也就得不到正常的发展。所以，父母应该允许孩子去爬高跳低。

2.给宝宝提供一些传统玩具

在孩子的动作敏感期，父母应该尽可能地给孩子提供一些传统的玩具，让孩子在玩的过程中锻炼自己的手、脚以及全身的协调能力。比如，不倒翁，可以锻炼手的灵活性；积木，可以让孩子掌握手的协调性和灵活性，当然还能让孩子掌握一定的空间想象力和辨别力；橡皮泥，用手捏或模子制作橡皮泥的小玩意儿能很好地锻炼孩子的想象力、创造力和肢体能力；吹泡泡，可以让孩子的手与眼得到充分配合，如果孩子一边吹泡泡，一边奔跑追逐，那么全身的活动量都会很大，身体的整体动作协调能力也能得到很大的提高；在玩各种球的过程中，通过抛、滚、拍、踢、打等动作，让孩子的手眼配合得到强化，锻炼身体的局部与整体的协调性，提高孩子的空间感……

只要父母善于发现，就一定能够给孩子提供更多的锻炼孩子的动作的玩具，让孩子在动作敏感期更好地提升自己的各种动作技巧。

3.善于把日常用具给孩子当玩具

当然，给孩子做玩具的不一定都是那些传统的玩具，日常用具有时候在孩子眼里也是非常好的玩具。所以，父母应该善于发现可以当孩子玩具的生活用具。比如，罐头盒、塑料瓶、线团、塑料刀叉、喷壶、纸杯子、线轴、塑料盒子、瓶盖、海绵、小锅、小勺子、塑料夹子、带刻度的瓶子等等。把这些日常用具给孩子，孩子照样能玩出花样来，而且会不厌其烦。当然，在玩耍的过程中，提升自己的动作能力与技巧也是自然而然的事情了。

4.引导孩子锻炼动作的灵巧性

孩子的四肢经过自然的发育后，可以胜任越来越多的小任务，父母就应该多在灵巧性方面促其发展，尽量给孩子多提供机会，让他在实践中掌握各种技巧。

比如，可以让孩子归置玩具，提前给孩子准备一个玩具箱，当他不玩的时候，就让他把玩具一样一样地摆放好，这样做，一方面会增强孩子的动手能力，另一方面也可以让孩子养成严谨、有序的生活习惯。还可以鼓励孩子玩一些小的物件，比如硬币、纽扣等，多拿捏小物件对发展手指的灵巧性非常有好处。当然，在让孩子拿这些小物件时，父母也要留心，以防孩子把它们放进嘴里。父母也可以把一些小东西放到地上，让孩子去捡，也可以给他增加难度，如让孩子带上手套或借助镊子等工具，还可以让孩子闭上眼睛去捡，这些做法都能很好地激发孩子动作的灵巧性。

游戏活动

倒着走

游戏目的：帮宝宝建立空间概念，提高身体协调能力。

游戏玩法：

1.家长告诉宝宝，现在要玩儿沿着一条直线倒退着走路的游戏。

2.开始时只要求宝宝随意在地板上倒着走。

3.宝宝熟悉初步的要求后要求他在扶持下沿直线倒着走。

4.要求宝宝独立地沿直线倒着走，家长偶尔给予身体协助。

提示：这个游戏可以帮助宝宝锻炼身体的协调性，如果孩子开始时不领会，需要给予身体指导，如：一人在前面扶着他的双手，另外一人在他身后轮流抬起他的左右脚往后移。

举一反三：训练宝宝身体协调性的游戏很多，在倒着走的基础上，可以改变玩法，让宝宝倒着转弯或走曲线；还可以让宝宝学兔子跳、玩两人三脚等来锻炼身体的协调；也可以通过教宝宝制作手工、玩翻绳游戏等来锻炼手、眼、脑的协调。

Part 4 关注细小事物敏感期（1～4岁）

如果说空间敏感期是孩子探索世界的过程，那么关注细小事物敏感期就是孩子观察世界的过程。当孩子处于探索与观察敏感期时，他身体的每一个部位都蕴藏着巨大的能量，这种能量促使他们必须对自己的能力进行发展。这便是我们常说孩子的生命最具创造力的原因所在。在对细小事物进行观察的过程中，孩子们常常会倾注自己的感情，同时也会不断地通过观察，发现世界上各种各样让他们感觉有趣的事情。

01 LESSON 关注家里小事物：线头、头发、豆子、纸屑是宝贝（1~4岁）

典型现象的捕捉

现象一：能发现细小的线头

1岁左右的宝宝视力已经非常好，连角落里掉了一根小线头都能看到，看到后就“噢噢”地告诉爸爸妈妈他发现了“新大陆”，并且一定要大人捡起来，还必须让他观察仔细，如果你没给他就扔掉了，他就会大吵大闹。

发现线头还不够，宝宝还要把他们新发现的线头放到嘴里尝一尝味道。这让家长们很担心，万一吞进肚子里可不是好玩儿的。于是你对他提出严厉批评，并阻止他的行为，他就开始哭闹个没完。

现象二：金娃娃银球球，不如这个小豆豆

1岁半左右的宝宝对小豆子的兴趣非常浓厚，有的家长害怕宝宝误吞，给宝宝买来很多安全柔软的大玩具，但是宝宝只要看到了小豆子，就根本不把其他东

西放在眼里，伸出小手就要去够那些圆滚滚滑溜溜、又硬又小又难捏的小豆豆。

现象三：喜欢收集头发丝

2岁左右的宝宝爱上了“头发丝”这种东西，只要看到就会捡起来，收集在一起。比如，一位妈妈发现她的女儿最近有一个特别奇怪的爱好，那就是收集头发丝。每当女儿从枕巾上、地上甚至是卫生间的浴缸里看到头发，她都会美滋滋地把它们捏起来，并小心翼翼地放到她准备好的漂亮盒子里。有时还嫌自己收集的头发少，所以经常对妈妈说：“妈妈，给我你的头发！”妈妈很配合，经常从头上扯半根头发递给女儿。女儿非常兴奋地接过头发，十分满足地把它放进小盒子里了……

你觉得这些从枕头、地上、浴缸里收集到的头发丝很脏，但是你的宝宝却把他的收集当成宝贝一样珍藏，他是那么小心翼翼地一根根捋直了、收好，再藏起来。如果你哪一天发现后觉得很脏，趁他不注意给他清理掉了，他会哭得很伤心。妈妈们也许很纳闷：难道这些头发对宝宝就那么有吸引力，那么重要吗？

现象四：对纸屑钟情，并且喜欢捡纸屑

喜欢捡纸屑也是细小事物敏感期的表现之一，宝宝在这一时期看到地上的纸屑总会有伸手去捡的冲动，父母如果嫌脏而阻止，就会引来宝宝的不满，直到他捡到了才满意。

蒙氏理论解析

一粒种子要长成参天大树，可能要十几年的时间；一颗鱼卵要长成百斤的大鱼，可能需要十几年甚至是几十年的时间。对于孩子来说，从一个婴儿到心智能够变得成熟，也需要一个复杂而漫长的过程。

其实，孩子在0~6岁这个生命过程中，会有一种十分奇特的现象，那就是在某一个阶段，孩子突然会对微观的东西，也就是特别细小的东西非常敏感，这个时期，孩子会用两个手指头来捏起它们。当孩子再稍微大一点时，他的动作就会发生改变，也就是说，他的这种动作和敏感度就已经过去了。

一般来说，孩子在1岁左右的时候就会表现出对小东西的关注，越是那些小的不起眼的东西就越能吸引孩子的注意力。这种情形一直能持续到4岁左右。难怪有的父母会说："小孩子的眼神就是好啊！他的眼里好像只有小东西！"有这样一个比喻，孩子的眼睛就像一个放大镜，再小的纸屑也能尽收眼底。这句话是很有道理的。每个孩子都有对小东西感兴趣的一段时间，父母要理解孩子，才能帮助孩子更好地认识这个世界。

另外，因为处于关注细小事物敏感期的孩子很弱小，很难想出什么好办法向父母表达爱，所以他就会把自己的爱转移到那些细小的事物上，比如头发丝。在孩子眼中，头发丝也是有生命的，所以他才会把头发都珍藏起来，放在盒子里，或者枕头下，总之，就是给它们最好的保护。但是当妈妈把这些"有生命"的东西扔掉时，孩子就会伤心，就会给他心理造成很大的冲击。

父母要知道，万事万物的发展都遵循着一定的规律。人们观察一个物体，只能看到它的一部分，很少关注它的全貌。对孩子来说，就更是这样了。对于孩子来说，宏观的世界很遥远，成长和学习需要从小到大，由浅人深。他会以自己的情绪和兴趣来观察，因为孩子的视角与成人的不同，他通常会关注那些成人看不见或根本就不在意的东西。

由此可见，孩子的内心世界是多么的独特。其实，对于细小事物的关注就是孩子观察力的开始。所以，孩子要想了解宏观的世界，就一定会先从微观的世界入手。孩子看微小的事物是需要专注精神，需要聚精会神，也需要耐心和时间。这些，甚至会比他所观察的对象本身重要得多。

家长顺势引导

1.了解孩子的正常表现

父母应该知道，每个孩子都会经历关注细小事物的特殊时期，也就是敏感期。在这个时期内，孩子的视野与成人是截然不同的，他会关注细枝末节的东西，往往哪个事物越微小，他就会越关注哪个事物。而且，孩子常常会能捕捉到其中的奥秘。所以，如果孩子对细小的线头或是衣服上的某个小图案产生兴趣时，父母应该明白，这是孩子在关注细小事物敏感期的正常表现，要抓住这样的机会培养孩子的观察力。

2.不轻易阻止孩子的行为

孩子对某个细小的东西，如小线头比较感兴趣时，父母不应该轻易阻止他，而应该给他自由，让他去尽可能自主地处理。这样，孩子就能享受细小事物的敏感期。父母应该学会观察孩子，了解孩子的发展规律，这样就不会轻易阻止孩子的行为，打扰孩子对事物的认知。

另外，如果父母武断地去阻止孩子，孩子也会因为内心的某种要求得不到满足而受到伤害。父母还应该知道，孩子发现的东西很可能是父母不留心的，或是父母在平时根本不会注意和不容易感觉到的东西。越是这样，父母就越不应该以自己留心与否，好恶标准去评判孩子的这种行为。

小线头对于孩子来说没有什么危险，既然孩子对它这么感兴趣，父母就可以把床上、被子上、衣服上的小线头拿给孩子，甚至收集起来一起给孩子，让孩子体会关注细小事物的乐趣。当然，如果孩子不反对的话，父母还可以与孩子一起玩这些小线头。

3.不要觉得不可思议

很多父母对于孩子这么热衷关注头发、收集头发感到不可思议。其实，这都是孩子心智纯真的表现，是他们认识世界，让自己心理获得成长的一个必然的过程，父母应该予以理解。作为父母，应该帮助孩子更好地享受关注细小事物的敏感期。如果孩子有关注头发、收集头发的爱好，父母一定要保护，要善待，从而很好地保护孩子的心灵世界，促进孩子健康、快乐地成长。

孩子之所以会对头发丝感兴趣，还有一个原因就在于它的柔软。所以，父母可以尝试与孩子一起把玩头发丝，这样就能让孩子惊讶地发现，头发丝居然有这么多的形状变化。当然，父母可以用一些语言来配合头发丝的形状变化，比如："看，头发丝变直了，现在又变弯了，现在又变成圆形了，现在是波浪线……"

其实，这就是对孩子收集头发丝的一种积极的回应，也是对孩子的一种鼓励，而且可以引导孩子把关注的焦点放在观察这些形状的变化上。这样，既能防止出现所谓的危险与不卫生的情况，又能拓展孩子的思路，可以说是一举两得。既然如此，父母又何乐而不为呢？

4.欣赏孩子的表现

对于孩子在关注细小事物的敏感期内的表现，父母一定不要武断地呵斥孩子，阻止孩子，要欣赏孩子的表现。比如，孩子捏起一粒小豆子时，他会高兴得手舞足蹈，会高高地把小豆子举起来，向大人炫耀。这时，父母就应该去用语言和表情以及动作来赞赏孩子的行为，分享孩子的快乐。

父母应该知道，关注细小事物的敏感期对于孩子的认知发展是非常有帮助的。所以，父母欣赏孩子的表现，就是满足孩子的发展需求，就是让孩子健康成长。也就是说，如果父母不盲目阻碍孩子的自然成长，那么孩子的认知状态和心智状态就会正常发展；如果父母能再进一步给孩子更大的探索空间，那么孩子会非常顺利、圆满地度过这个敏感期。

5.方法要科学，不可急功近利

在了解了孩子关注细小事物的敏感期后，有的父母可能会这样说：“既然孩子对细小的物体这么感兴趣，那我们干脆就直接把大大小小的东西都放在孩子的面前，让他随时都有机会去观察，顺便还能够引导孩子认识更多的细小事物呢！”

表面看来，父母的这种说法好像有一定的道理，但实际上，这样的想法并不科学。如果父母把电池、钢笔、小豆子这三种物品同时放在孩子的面前，孩子一定会把关注点落在小豆子上。如果父母这时再用语言来教孩子说：“这是电池，这是钢笔……”孩子很可能是不感兴趣的。父母要知道，孩子只有对某种事物产生了兴趣，才会积极地去探索。

02 LESSON 关注自然小事物：蚂蚁、树叶、石子、蜗牛是伙伴（1～4岁）

典型现象的捕捉

现象一：喜欢观察小蚂蚁

宝宝到了1岁左右以后开始喜欢四处找蚂蚁玩儿，他们喜欢爬在地上找，找到之后就仔细观察蚂蚁的动向。比如，几个两三岁的宝宝在小区的楼下玩耍，零食屑掉得满地都是，引来了很多小蚂蚁，宝宝们看到眼前来了这么多“小伙伴”，全都不说话了，专心致志地看起了蚂蚁……

很多宝宝因为过于活泼好动，容易注意力不是很集中，做什么都心浮气躁，一会儿就没了耐心。可是自从迷上观察蚂蚁后，他们变得专注了，一个人能静静地呆上好长时间。比如，本来做什么都不能集中注意力的3岁宝宝最近好像变了个人，刚吃完饭，就跑进小花园，蹲在地上非常认真地看几只蚂蚁爬来爬去的。宝宝看得非常专注，妈妈已经在他身后站了十几分钟了，他竟然都没有发现。而且，妈妈还发现，宝宝不仅是在看蚂蚁，而且还试图用大拇指和食指去捏蚂蚁，这个过程又持续了大概半个小时。在那段日子，宝宝的注意力都放在了观察蚂蚁上，而且神态非常专注，心无旁骛。

现象二：捡花瓣，捡树叶

细小事物敏感期的宝宝对花瓣和树叶也表现出来了浓厚的兴趣，他们特别喜欢收集掉落在地上的花瓣和树叶，总是小心翼翼地把它们捡起来、吹干净，然后收藏起来，有时为了第一时间收集到喜欢的花瓣和树叶，甚至耐心地守候在花旁树下等它们掉下来。

现象三：捡到石子好开心

1岁半以后的宝宝双手的抓握能力已经很好了，他们可以捡起很细小的东西，对于小石子更是手到擒来，只要你带宝宝到户外活动，他都会去捡，捡了之后装进小盒子或者小袋子里，甚至自己的衣服口袋，装满后再倒出来，然后再开始新一轮的捡小石子的“工作”。

现象四：被成人忽视的蜗牛是宝宝们的兴趣所在

蜗牛仿佛已经淡出了成人忙碌纷繁的世界，但是对敏感期的宝宝们来说却是一块“新大陆”。尤其是在雨后的树上或树下，蜗牛从它们的蜗居里探出头来，一步一步缓慢地往前爬，却激起了宝宝们的无限兴趣，哪是犄角哪是头，他们可是看得清清楚楚也津津有味呢。

蒙氏理论解析

为什么地上的蚂蚁能这样吸引孩子们的注意力呢？是啊，孩子的很多行为在成人看来都有些奇怪。之所以孩子会对小的蚂蚁感兴趣，就是因为他已经进入了关注细小事物的敏感期。当孩子观察蚂蚁时，他可以一动不动地观察一两个小时，而且一点也不会厌倦。因为在观察蚂蚁的过程中，他的内心获得了极大的乐趣与满足感。

著名教育家蒙台梭利曾说，孩子在1岁半到2岁左右时，会进入对细微事物感兴趣的敏感期。而有的宝宝3岁左右才开始对观察蚂蚁感兴趣，这是什么原因呢？很可能是因为他这个敏感期被周围的环境给阻碍了，所以他关注细小事物的敏感期就延迟了。

不过，随着孩子年龄的增长，他会知道自己是生活在人群中，而不是与小蚂蚁为伍。这时，他就会学着父母的样子，扫地、收拾屋子，这就表明孩子在成长，他对周围环境的认识在加深。当父母发现孩子要帮着你来做家务时，那他关注细小事物的敏感期就已经过去了。

捡凋谢到地上的小花瓣、小树叶也是孩子在关注细小事物敏感期的特殊表现。可能有的父母认为，小女孩更倾向于捡拾花瓣、树叶什么的，其实，小男孩也喜欢这样。孩子通过对小花瓣、小树叶的观察，不断积累着自己的经验。在成长的岁月中，孩子会把这些积累与从其他地方获取的知识匹配起来，逐渐构筑自己的知识体系。所以，父母不要忽视小花瓣、小树叶对孩子的巨大影响，要允许孩子去捡拾。

在忙忙碌碌的生活中，成人早已经忽略了身边的微小事物。但是，孩子们却能捕捉到其中的奥秘，并兴味盎然地观察它们。孩子的这种行为看似简单，却是在探索周围的环境，从而实现对世界的认知。这个时候，孩子的大脑正在迅速发育和成长，父母一定要认真对待孩子捡小石子等类似的行为，尽可能地尊重孩子的成长规律。

家长顺势引导

1.给孩子观察的自由

作为父母，在了解了孩子关注细小事物的敏感期后，就应该给孩子足够的自由，让孩子充分探索、认识这个世界。

比如，他在观察蚂蚁或蜗牛时，可能会坐下，也可能会跪下，甚至会趴下，父母不要怕孩子弄脏衣服，要允许他这样；也有的孩子喜欢用手捏起小蚂蚁或蜗牛观察，甚至会把它们装在瓶子里观察，这些父母都应该允许，从而让孩子能在观察蚂蚁的敏感期也能得到心灵的满足，获得成长的快乐空间。那么，孩子就会更快乐、更健康地成长。

另外，父母也可以有意识地带孩子去观察蚂蚁、蜗牛等小动物，给孩子创造这样的观察机会。在孩子观察的时候，父母也参与其中，给孩子讲解一些与蚂蚁、蜗牛有关的知识。这样做，一方面是增长孩子的知识，另一方面也能让孩子感受父母陪伴的温暖。

但父母也应该告诉孩子，可以观察蚂蚁，但不可以残害蚂蚁。因为有的孩子会用热水烫蚂蚁，尤其当蚂蚁群体活动时，孩子更会用热水去烫。这时父母一定要阻止他，让孩子知道蚂蚁也是有生命的；当然，也不能允许孩子任意去捏死蚂蚁。不要小看这件事，这是在培养孩子的同情心，让孩子学会珍爱生命。

2.不要试图打断孩子

很多父母在孩子观察小物体时会轻易打断孩子，其实这就等于破坏了孩子的认识过程。比如，当孩子正在全神贯注观察蚂蚁时，妈妈就去喊孩子："宝宝，吃饭了，不然一会儿菜都凉了！"如果催促不起作用，妈妈可能就会硬把孩子拽到饭桌上，也就是说会硬把孩子从"工作"状态中拉出来。其实，父母完全可以再给孩子几分钟的时间，让孩子自己主动回到饭桌上。另外，观察细小物体对于培养孩子专注力的品质是非常有效的，如果轻易打断孩子，那他就很难形成专注的品质了。

3.成全孩子的兴趣，带孩子走进大自然

当父母看到自己的孩子对小花瓣非常感兴趣时，不妨尽自己的力量去成全孩子的这种兴趣。比如，父母可以在户外捡一些小花瓣、小树叶，然后把它们拿给孩子。当然，这些小花瓣、小树叶应该要有所区别，比如有的稍微大些，有的稍微小些，有的可能有个小斑点，有的可能会有个小虫眼等等。当孩子看到这些细微的差别时，孩子就会非常兴奋，就会非常好奇。这样，他就会通过观察和比较，找出它们的不同之处，从而让自己的观察力和比较力得到较大的提升。当然，父母还可以跟孩子探究这个小虫眼的来历，从而让孩子去想象、推测、描述，甚至是实证一番。这样，就会最大程度地提升孩子的观察兴趣。

对这个时期的孩子来说，大自然是非常好的老师。只有让孩子接触大自然，观察大自然，孩子才能掌握更多的知识，才能更快地学会搜集事实、认识真理。所以，当孩子处在关注细小事物的敏感期时，父母不妨带孩子走进大自然。

在大自然中，孩子可能会找到更多的小花瓣、小树叶，会看到更多的细小的事物，这样就能更有效地刺激他对细小事物的敏感性。当然，父母在带孩子观察自然的时候，可以适时地对他说："这个小花瓣是××花的，你找找，它是从哪里掉下来的……"要注意，是"适时"，这样就可以引导孩子进一步观察，进一步加强他对事物的认知。在此期间，对于孩子提出的各种问题，父母一定要认真对待，要么启发，要么解答。

4.要注意去观察孩子

虽然说，孩子进入对细小事物关注的敏感期一般是在1～4岁。但是，不同的个体之间却存在着一定的差异。比如，有的孩子可能在八九个月大的时候就开始关注细小事物了，而有的孩子则可能到三四岁的时候才表现出这种敏感。

但是，不管孩子是什么时间进入这个敏感期，一旦父母发现孩子有这种行为倾向，比如，突然对捡小石子这样的细小的东西感兴趣了，这时就应该给孩子一些必要的支持，以便协助他更好地发展。所以，父母在日常生活中，一定要多注意观察孩子，尽可能在第一时间发现孩子的敏感期。

5.耐心地陪伴孩子

当孩子在关注细微事物的敏感期时，父母一定要有足够的耐心。对孩子提出的一些疑问，一定要认真解答。比如，为什么蜗牛会在下雨的时候出来呢？如果父母可以与孩子一起探索答案，不但能够解决孩子心中的疑问，也能增加孩子对小蜗牛的关注，提升他的兴趣。

当孩子饶有兴致地在捡宝贝一般的小石子时，父母只需要耐心地陪伴孩子就可以了。当孩子不需要父母的帮助时，父母就可以坐在一边静静地等待；孩子需要父母协作时，比如需要父母给他拿容器或袋子时，父母就帮他拿一下。当孩子玩得非常满足后要离开时，父母就跟他一起走……

这一切都是那么的自然，那么的祥和。孩子就是在这种轻松的氛围之中获得了心灵的享受，也用这样的方式对周围的世界产生认知。只要父母有足够的耐心，孩子一定会用更好的成长来做回报。

游戏活动

给石头"化妆"

游戏目的：锻炼宝宝的观察能力和想象力。

游戏玩法：

1.家长准备大小、形状各异的石头和彩笔。

2.把准备好的石头拿给宝宝，和宝宝一起观察这些石头的形状、大小、颜色等特征。

3.和宝宝一起研究和讨论，看能不能根据这些石头的外形特点，用彩笔给石头"化化妆"，让它变得更有个性。

4.让宝宝自由发挥给石头"化妆"，家长在旁边协助。

5.用彩笔化好妆之后，看能不能再找一些装饰物来打扮石头，或者黏在一起做出其他造型。

提示：这个游戏可以让宝宝通过观察石头的特征来提高其观察力，装扮的过程又可以提高宝宝想象力，还能满足宝宝关注细小事物的心理需求。

举一反三：除了石头之外，宝宝感兴趣的小事物肯定还有很多，家长可以带宝宝玩做叶画、做标本等游戏。如果有条件，还可以给宝宝准备一个放大镜，让他可以更加细致地观察和发现更多有趣的事物。

Part 5 秩序敏感期（0～4岁）

儿童在出生几个月一直到6岁，秩序的敏感期是螺旋状的。儿童需要一个有秩序的环境，按一定的规则和习惯整理环境、把环境秩序化。这说明儿童已有了内在的秩序，这个内在秩序反过来检测环境、修正环境，要求环境符合他的内在秩序。

01 LESSON 秩序感的初建：认生和找主人（0~4岁）

典型现象的捕捉

现象一："认生"的满月宝宝

刚刚满月的宝宝因为陪妈妈"坐月子"，已经在家里呆了整整一个月的时间，一旦被带出来，看到很多陌生的人，很多宝宝都会惊恐地大哭起来。难道他们已经懂得"认生"了吗？其实仅仅是因为他自己所熟悉的环境变了，这个新环境不是原来属于自己的那一个了。

现象二：不是我的我不要

很多宝宝都有"怪癖"，是不是自己的东西死活都不肯要。有的宝宝1岁左右就开始出现这种"怪癖"，到了3岁左右达到顶峰。比如，你给自己的宝宝买了双新鞋，可是他怎么都不肯穿，坚持要穿自己原来的那双才肯出门，即使你告诉他这是他的新鞋子也没用，非得他自己熟悉了、认可了才肯穿。

现象三：每个物品都有自己的主人，其他人不可以乱用

孩子在这个时期，喜欢给物品找“主人”，不让别人用不属于自己的东西，而且他自己也不用别人的东西，因为那些东西在孩子的内心已经形成了秩序。所以一旦秩序被打乱，他就会努力去恢复这种秩序。

蒙氏理论解析

其实满月的宝宝的哭泣和认生没有任何关系，哭泣的原因完全来源于外在环境秩序的改变。宝宝在出生后的一个月内和妈妈安宁、平静和有规律的生活让宝宝已经形成了一定的秩序感，当有一天秩序突然发生改变时，亲人的逗引、拥抱、祝福……是不可能将小宝宝眼中的恐惧去掉的，更不可能止住此起彼伏的啼哭声。

在这个时期，宝宝们喜欢给物品找“主人”，不让别人用不属于自己的东西，而且他自己也不用别人的东西，因为那些东西在孩子的内心已经形成了秩序。所以一旦秩序被打乱，他就会努力去恢复这种秩序。对成人来说，秩序混乱可能很正常，但对孩子来说，那就是很大的事情，是绝不允许的。所以，在这个敏感期内发生给物品找“主人”的现象再正常不过的了。

家长顺势引导

1.带他回到熟悉的环境中

对于刚满月“认生”的小宝宝，最好的办法就是赶快和妈妈回到熟悉的屋子里，当环境不合适，敏感的小婴儿又无法表达自己的想法时，这种痛苦是成人无法体会的！热爱秩序，哪怕是从这么小的婴儿身上也能体现出来。

2.要满足孩子的要求

当孩子看到父母或家人穿的鞋子、坐的座位“不对”而要求更换时，父母应该满足孩子的要求，而不应该认为孩子是在任性，是没事找事。有这种行为发生，表明孩子很正常，到了秩序敏感期。满足孩子的要求并不是惯着孩子，放任孩子的“任性”，而是尊重孩子正常的心理特征。这一点为人父母者一定要懂得学会配合孩子。

3.保护孩子的秩序

在孩子的眼里，餐具、洁具是专人专用的，其实这样既卫生又文明，当然孩子可能没有想这么多，只是他觉得应该这样。父母要知道，这不是孩子固执，也不是孩子计较，而是秩序敏感期的正常表现。父母一定要保护孩子在这一时期建立的各种秩序，这也是教育孩子过程中父母应该知道的重要内容。

4.培养孩子的好习惯

现象二中，当孩子认为妈妈那双新买的鞋子不是他的而不穿时，父母也不要拗着孩子来，硬要给孩子穿上，那会破坏孩子内在的秩序感。当然，父母还可以结合孩子的这个敏感期，培养他的好习惯，比如，不是自己的东西不能拿，不能用，使之成为孩子的正确认知，从而促使孩子养成好的生活习惯。

游戏活动

宝宝的拖鞋

游戏目的：能认识和区分不同人的物品，建立宝宝秩序感，学会保管自己的物品。

游戏玩法：

1.家长准备宝宝及爸爸妈妈的拖鞋各一双。

2.将宝宝的拖鞋和爸爸妈妈的混放在一起，问宝宝“这是什么呀？”引导宝宝说出“拖鞋”。

3.“宝宝的拖鞋在哪里呢？”引导宝宝挑出自己的拖鞋。

4.“妈妈找不到拖鞋了，宝宝能帮妈妈找出来吗？”宝宝找出后，及时给予夸奖：“宝宝真棒！谢谢宝宝！”“我们也帮爸爸把他的拖鞋找出来吧！”帮助宝宝将各自的拖鞋按顺序放好。

5.“拖鞋宝宝一家出来玩太久了，现在他们要回家了，宝宝能不能把他们送回家呢？”引导宝宝认识鞋柜并了解鞋柜的用途，“我们来找找拖鞋宝宝的家在哪里。”

6.“宝宝来帮忙把拖鞋宝宝一家送回家吧”引导宝宝将拖鞋有序放回。及时给予夸奖：“宝宝能帮助拖鞋宝宝回家了，宝宝真棒！拖鞋宝宝一家很想谢谢宝宝。”

提示：宝宝及爸爸妈妈的拖鞋先选择不同色系的颜色；然后选择同一色系的或颜色相近的拖鞋，再逐渐增加拖鞋数量以增加游戏难度。

举一反三：除拖鞋之外，日常生活中的牙刷、凳子、碗筷都有固定的主人，都能玩“找主人”的游戏，让宝宝学会区分物品归属和保管自己的物品。

02 LESSON 有序环境的维护：统统要“归位”（0~4岁）

典型现象的捕捉

现象一：看到东西“乱放”就大哭大闹

宝宝还处于不会表达的婴儿期时，当他看到身边熟悉的环境发生变化时就会变得很焦虑，甚至用大哭大闹的方式来提醒大人将东西“归位”。比如，6个月大的宝宝有一天突然大哭大闹，当你检查他的尿布干爽、吃饱喝足、身体无恙时，你可以顺着他目光的方向看看他周围的环境是不是跟原来有什么不同，原来本来干净的桌子上是不是多了个鱼缸，你把鱼缸拿走，你的宝宝也就停止哭泣了。

现象二：一定要放回原来的位置

秩序敏感期的宝宝对于没有归位的东西是无法忍受的。他一定要让鞋子放回鞋架，铅笔放回笔筒，帽子挂回衣帽钩……才肯罢休。否则就会不依不饶、“寝食难安”，什么都做不下去。

现象三：人也必须“归位”

该谁做的事情谁就必须做，别人不能代替。本来应该妈妈做的事爸爸却做了，本来应该奶奶做的事妈妈却代劳了，这同样是宝宝所不能容许的。比如，平常都是妈妈喂饭，爸爸洗澡，可是爸爸妈妈有事出门了，变成了奶奶喂饭，爷爷洗澡，小家伙可是不依不饶，饭不肯吃、澡也不肯洗，一个劲儿地哭闹，吵着要“妈妈喂饭”“爸爸洗澡”，把爷爷奶奶搞得筋疲力尽，直说这个小家伙真难带!

蒙氏理论解析

宝宝对秩序的强烈渴望就体现在一个又一个有意思的事情上：如果成人将东西放错了位置，宝宝会加以纠正，并把它放回指定的地方，就连成人注意不到的，非常细小的地方，秩序敏感期内的宝宝也会注意到。没有放正的拖鞋、没有摆整齐的椅子、没有挂好的衣服、随意移动的家具……似乎都能刺激宝宝的神经，让孩子感到不安。

这正是秩序敏感期的表现，秩序敏感期最早在宝宝三四个月大时就出现了，但是因为婴儿不会表达，而父母又对此不太了解，所以很多情况下，父母常常会误解孩子的意思。就像现象一中，那个6个月大的宝宝虽然不会用语言表达他对秩序的敏感，但他已经感到焦虑，已经会用哭闹的方式提醒父母了。

对于处于这个敏感期的孩子来说，秩序真的很神奇，他会把所有不“到位”的东西都“归到位”，因为在他看来，周围的环境就是一个彼此相连的整体，这已经在他的头脑中留下了深刻的印象，这就是秩序。只有在有秩序的环境中，他才会感到安全。

所以，当他看到那些没有“到位”的东西时，就会有一种不安全感，这种感觉就会促使孩子去“归位”。在这种没有安全感的环境中，孩子很难对周围的环境进行有效的认知，他们哭闹也是非常正常的，父母对此应该理解。宝宝需要一个有序的环境，这样才可以使宝宝更适应，行动才更具有目的性，使宝宝在适应环境的同时在环境中找到适合自己的生活方式。

家长顺势引导

1.理解并支持归位行为

在秩序敏感期的孩子，有一种把物品“归位”的冲动，如果不归位，他就会感到焦虑。父母应该理解孩子“归位”的心理，并允许孩子“归位”，甚至是创造机会让孩子“归位”。

2.认同孩子的固执

很多父母都认为，当孩子进入秩序敏感期后，就会变得非常固执，比如，孩子会把全家人的鞋子都按顺序排好，孩子会把自己的餐具摆正，吃晚饭后会把自己的椅子归位……其实，孩子并不是真的固执。父母应该认同并认真审视孩子的这种“固执”。其实，孩子在无形中做了很多事，如果孩子不做，父母就得去做，就得去收拾一些烂摊子。

3.利用敏感期建立好习惯

父母要利用孩子“归位”的敏感期，培养锻炼孩子的自理能力。当孩子这么做时，要鼓励孩子，表扬孩子，强化孩子的这种行为。这样，一段时间过后，当孩子对秩序，对“归位”不再敏感时，他就养成做自己力所能及的事情的习惯了。

从这个角度来看，孩子对秩序的敏感就变成了一个培养孩子自理能力、养成良好习惯的好机会。秩序一旦形成，就会转化为品质，并体现在生活中的各个方面，就会成为素质。也可以说，秩序会成为习惯，习惯会成自然，自然会成就人格，而这一切就来自童年的敏感期。

游戏活动

书宝宝的家

游戏目的：培养宝宝爱护书本的好习惯，培养宝宝的秩序感。

游戏玩法：

1.家长准备形状大小不一的书本、与书本形状大小相符的盒子。

2.拿出宝宝平时喜欢看的书本，和宝宝一起进行亲子阅读，并告知宝宝要爱惜书本，不然书本宝宝会伤心的。

3.当宝宝不再想看书的时候告诉宝宝："书宝宝出来的太久了，书妈妈要担心了，快把书宝宝送回家吧！"

4.家长提示宝宝大小不同的书宝宝住在不同的房子里，"要把大小书宝宝送回他们自己的家哦。宝宝要回自己的家，书宝宝也是的哦。"允许宝宝多次尝试，要注意宝宝的情绪，在宝宝急躁之前应及时给予帮助。

提示：家长根据宝宝臂部及手部力量的发展情况，选用大小、薄厚适宜的书本，以便于宝宝顺利取放。对于2到3岁的宝宝，书本数量在四本左右，形状可选择单一的长方形或是正方形，大小在两种左右。对于3到4岁的宝宝，书本数量可增加至八本左右，形状可增至2到3种，大小增至3到4种。

举一反三：这个游戏可以延伸到宝宝的日常用品和玩具上来，让宝宝养成物品及时"归位"的好习惯。

03 LESSON 内心秩序感的建立：重来与重复（2~4岁）

典型现象的捕捉

现象一：不按秩序来的都要“重来”

你的宝宝已经建立起自己的一套生活秩序，3岁左右的他必须按照自己内心规定并认可的秩序来完成一件事，一旦这种秩序被人为打乱，那就必须重来一次。

比如，你的女儿喜欢自己穿衣服，她总是先穿上衣，然后裤子，再袜子，最后鞋子。有一天，你着急带她出门，想要加快速度，于是在她穿上衣的同时，帮她套上了裤子和袜子。但是当她把上衣穿好后，一定要把裤子和袜子脱下来自己重新按顺序穿一遍才肯罢手，任凭你在旁边又哄又劝又催促，都无济于事。

现象二：固执到令人无法忍受

你的宝宝必须按照自己的设定好的秩序去做一件事，任何中途破坏并打断的事情他都不能容忍，必须按照他的要求重新来过，否则你将不得安宁，他会把你的耐心全部耗尽，直到他认为这件事情按照自己的秩序做完达到他满意的程度为止。

比如，你的宝宝每天上楼都必须乘坐电梯，有一天，他在上楼之前就睡着了，当他睡醒后发现自己已经在家里了。他就会不依不饶，一直嚷嚷着“我还没坐电梯呢！”任你怎么哄都没用，他会一直哭闹下去，直到筋疲力尽再次睡着，但梦中还是会嚷嚷“我还没坐电梯呢！”直到睡醒也许还是这句，除非你再带他坐一次电梯，否则这事儿没完！小宝宝的这种坚持到底的固执精神有时会磨光家长的所有耐性，感叹难忍、难熬！

现象三：重复练习一个“无聊”的行为或动作

2～4岁的宝宝喜欢将同样一件事情反反复复地去做，尽管这些事在大人看来毫无意义并且很无聊，但是他们还是乐此不疲。

比如，你的宝宝喜欢玩积木，他把积木全部从盒子里倒出来，然后按照不同颜色一种一种再放回去，放完之后再倒出来，然后再重复以上动作，一遍一遍地反复做着一成不变的事情，在爸爸妈妈看来这很无聊，但是他却一做就是一上午，一点也不觉得烦。

现象四：把东西藏在同一个位置，并且希望别人能找到

这一时期的宝宝非常喜欢“藏”东西，而且他会把所有认为该藏的东西藏到同一个地方，然后让爸爸妈妈去找，找到后他会很高兴。如果家长找不到，他就会主动告知，但是如果你依然假装没找到，他就会很难过。

比如，你给宝宝买了个玩具娃娃，她非常喜欢，当她玩了一会儿后，她心血来潮把娃娃藏在她平时藏东西柜子的角落里，然后让妈妈去找。如果妈妈明知道在哪儿却故意装作找不到，她就会告诉妈妈在哪，再找不到就会拉着妈妈指给她看：“妈妈，娃娃在这呢，你快拿啊！”如果妈妈还是假装找不到，那她就要噘嘴甚至哭起来了。

现象五：反复听同一个故事或反复看同一本画册

你的宝宝每天都要你给他讲相同的故事，听了很多遍依然想听，你要是哪里漏掉一部分或者多出几句话，他会很快指出并纠正；他只看一本画册，直到把它翻烂了还是要看，你给他买更漂亮鲜艳的他都不感兴趣。

蒙氏理论解析

宝宝秩序敏感期发展到第二个阶段时，往往是家长和成人最为苦恼的时期，因为宝宝这个时候的固执是不可逆转的，经常让大人感到既可气又无奈。不过，当你知道了宝宝正处于秩序的敏感期时，尊重和理解就显得格外重要。要知道孩子喜欢重来和重复，正是因为他正处在秩序的敏感期，他需要靠这种重来和重复来建立自己内心的秩序感。

如果家长因此觉得“难熬”，那是只能说明父母没有真正了解自己的孩子，还不知道孩子的成长规律。于是，无论是对父母，还是对孩子来说，这都将是一段痛苦的历程了。孩子的重来和重复不是以成人的眼光和角度所能够理解的。

在大人们看来，“多快好省”很重要，只要能快速准确的完成一件事，方法不重要，但是孩子却不这么认为，他觉3得任何事情都应该按照秩序来，如果不按他原来认为的那样去做，就算完成得再快也是错误的。

在孩子正在建立内心秩序感的时期如果家长故意打乱顺序，会让宝宝的内心感到慌乱和无所适从，所以孩子固执地要求重来，要求妈妈找到他重复放在同一地点的玩具，因为他不想自己通过反复重复和练习才建立起来的秩序感被打乱，这会让他不安。

父母不要奇怪，也不要觉得不可思议，这一切都是孩子正常的成长行为。此时的家长要做的不是和宝宝“斗智斗勇”，更不能武断地认为孩子任性、无理取闹，并因此去批评孩子，打骂孩子，那将是对孩子秩序敏感期的扼杀与摧残。一个合格的家长要做的是尊重和理解孩子，并且积极地去配合孩子，引导孩子，满足孩子内心的需求。正如蒙台梭利所说：“孩子的心灵就是一个神秘的深渊，照料他的成人并不了解它。当父母不了解孩子内心的时候，就应该怀着一颗敬畏之心，给孩子爱，给孩子自由。”

家长顺势引导

1.了解宝宝对世界的认知过程

对于年龄小的孩子来说，这个世界是以不变的秩序与程序存在的，这种秩序与程序一旦进入了孩子的内心，就会成为他最初的内在逻辑，也就是孩子的思维。后来，这种逻辑开始改变，不变的逻辑核心会被抽象出来，在这个基础上，事物的形式就可以变化了，甚至可以有无穷无尽的变化。这个过程，每一位父母都应该了解。

2.认识并尊重宝宝内心的秩序

当孩子处在秩序敏感期时，就会对一些事情如此的“固执”。如果父母或其他成人无意地破坏了孩子的这种秩序，或是有意地用强硬的措施打乱了孩子的这种秩序，就会给孩子的内心带来极大的伤害。就像现象二中，父母可能无法体会孩子是怎样熬过那个夜晚的，他是在一种怎样的不安全感中度过的。

在孩子的眼中，父母就好像是一个巨人一样。当他内心的秩序一次又一次地被这些巨人破坏而得不到恢复的时候，那种随之而来的不安全感很有可能伴随孩子的一生。所以，父母一定要读懂孩子的每一个行为，认识孩子内心的秩序，并尊重这种秩序。这样，孩子才能享受敏感期，才能健康快乐地成长。

3.满足宝宝的重复要求

在孩子成长的过程中，很多父母会发现孩子特别喜欢“重复”，比如，反复要求父母重复讲同一个故事，重复做一个再熟悉不过的游戏，重复猜一个早已知道答案的谜语等等。每当这时候，很多父母就会忍不住抱怨：“总是重复，多没意思啊！”特别是当自己的情绪不好或者是很累的时候，有的父母就想给孩子少讲几个故事情节，企图跳过去蒙混过关。可是，孩子很快就会发现，并大声说：“妈妈讲错了！”看，想糊弄孩子都很难。

对孩子来说，这并不是简单的重复，而是每次都有新鲜感。所以，如果想让自己的孩子快乐成长，就要满足孩子的这些重复要求。当然，孩子的这种“重复”还有很多，比如把玩具拆开再装上，把瓶子盖拧下来再拧上去，打开房门再关上，动画片看完一集再重新看，等等，父母都应该尽量让孩子的重复要求得到满足。

4.管住自己，千万别发火

尽管很多父母已经非常有心，尽量去满足和配合孩子，但是对于整天忙碌和压力很大的家长来说，耐心总是有限度的，很容易就控制不好自己的情绪。尤其是当你认为一件事情已经完成，但是孩子却并不买账，硬是固执地要“重来”的时候，家长的耐性很容易就会被磨光，于是开始对孩子的“任性”发火。

家长们为此感到很苦恼，觉得自己为了让孩子生活得更好而疲于奔命，只要有时间就陪宝宝玩，这已经做得很好了。为什么这个孩子还是不满足，还是很任性，怎么哄都不听，总是挑战大人的耐心和权威呢？

如果家长这样想，还是没有摆对自己的位置和心态，对于孩子家长需要的不是管教而是宽容，不是忍受而是享受。要知道“儿童应该得到成人的爱，而不是成人忙于生活所残余的爱！”给予爱本身就应该是一种享受，孩子享受你的爱，享受自己的秩序敏感期，你享受与孩子共同成长的每一刻。这样你和孩子都会得到心理的满足。

父母的好心态会影响到孩子，孩子也会有一个非常好的心态，他会变得安静、快乐，心里充满爱的温暖。这样一个孩子怎么会跟任性、固执挂上钩呢？如果你给孩子贴上了那样的标签，只能说明家长做得还不够，跟孩子无关！

5.与孩子一起玩

父母一定要了解孩子的秩序敏感期，要让孩子真正体验到秩序感带给他的快乐。对于孩子来说，“重复”是他建立秩序感的最重要的方法之一，也是孩子感知周围环境的重要方法。父母要知道，这种在成人看起来很无聊的游戏在孩子眼里却有着无穷的乐趣。这就是孩子的成长方式。

所以，这就要求父母要懂得配合孩子，要与孩子玩这些重复的游戏，比如，每天都让孩子自己打开家里的灯，其实就是在帮助孩子去体验秩序带给他的无比快乐，这样的话，孩子的秩序敏感期可能就会缩短，孩子也会更快乐。

同时家长还要注意也要让自己真正进入角色，积极配合而不是应付孩子，否则，自己就会很累，而且孩子也感受不到什么乐趣。

04 LESSON 秩序的执拗敏感期："作对"与"暴力"（3~4岁）

典型现象的捕捉

现象一：和家长"作对"

3～4岁的宝宝变得很有主意，他们有自己的想法，也开始跟家长对抗。你让他去做什么，他偏不去做，可是他要求你去做的事，你却必须立即执行。

比如，天凉了，你让宝宝穿上外套再去学校，他会说"我不！""我偏不！"而如果他让你帮他拿玩具你说"等一会。"他就会喊："不行！现在就去拿！"

现象二：故意捣乱，不配合

他本来能做得很好的事情，你现在让他做，他却完全不配合，甚至故意捣乱。

比如，他已经认数了，能从"1～10"认得很好，但是最近他却故意捣蛋，每次读到"6"的时候他都念"9"或者"8"，就是不肯好好说。

现象三：一意孤行，不听任何劝告

只要是他想做的事就一定要做，谁劝也没有用，如果不让做，就大哭大闹。

比如，你4岁的女儿正在吃糖果，突然嘴里的糖果不小心掉到了地上，她伸手捡起来就要往嘴里放，手疾眼快的你马上抓到了她的手，说："妈妈给拿块新的，这个已经脏了。"但是你的宝宝还是要拿原来的那块，不让拿就大哭大闹，直到你把脏了的糖果洗干净放在她嘴里她才罢休。

现象四：不洗手，就是不洗手

很多宝宝都不爱洗手，这个时期宝宝更是如此，他们有意识地拒绝洗手这件事，仿佛就是要锻炼家长的忍耐性，看看你的态度和反应。你如果硬来他就用哭来反抗，你如果不理他，随他去，他也许自己会主动去洗了。

现象五：被父母打后去打其他小朋友

3～4岁的宝宝已经可以分辨打人与爱抚的区别，所以宝宝打人就是故意为之，因为他们可能是通过这种方式来宣泄自己的不满。

比如，早上，因为宝宝不按时起床上幼儿园你打了他的小屁股，放学的时候幼儿园老师告诉你，今天你的宝宝很"暴力"，喜欢打其他小朋友的屁股，打完就跑，有的小朋友还被打哭了。

现象六：拿玩具出气

有的宝宝被父母体罚后，由于畏惧父母，不敢轻易表示自己的不满，于是他们会找"不会说话"的东西出气，他的娃娃和玩具便成了受害者，在他们被打后，玩具经常会被大卸八块，或被摔得七零八落，又或者拿着娃娃的头往床头上砸……你惊讶于自己的宝宝怎么变得如此"残忍"。

蒙氏理论解析

秩序的敏感期后，宝宝形成了一种秩序的内在模式，一旦成人破坏了这种秩序，宝宝就会哭闹、焦虑、烦躁，同时表现出一意孤行、不可逆转。比如，三四岁的孩子在很多方面表现为与父母作对，当然，并不是真的与父母作对，而是他已经进入了执拗敏感期。

孩子的执拗敏感期来源于秩序感，是在构建秩序感时具备的一种特殊品质，在这一个时期，孩子常常是难以变通，有时候甚至达到成人难以理解的地步。

父母一定要知道，宝宝的心理活动一定是有秩序的，但当宝宝没有超越这种秩序时，在严格执行的过程中就会产生执拗的现象。只有当宝宝的自我逐渐形成时，才能将这种秩序提升到意识层面，才会变得执拗和不妥协。执拗，恰恰是宝宝的一种自我成长。

1.执拗期的一般表现

一般来说，孩子的执拗敏感期在两岁左右时就已经有所体现了。但是，这一敏感期的爆发却会集中出现在3～4岁这个年龄段。这个时期的孩子有一个最明显的特征：凡事都要听我的，就是我说了算。如果父母拒绝他，他就会变得非常烦躁，哭闹不止。如果这样，父母就应该想更好的办法去应对孩子的这个敏感期。

2.执拗期的不爱洗手

另外，在执拗敏感期，孩子不愿意洗手也是一种非常正常的表现，并不是孩子故意“刁难”父母。父母还应该知道，给这个时期的孩子讲为什么要洗手的大道理，去央求他洗手，强行让他洗手的做法都是不科学的。

否则，只会让孩子对洗手这件事更加排斥，严重的还会影响到亲子关系的和谐发展。所以，父母应该用点智慧来引导孩子去洗手。

3.执拗期的“暴力”倾向

有暴力表现的宝宝通常还都处于执拗敏感期，他们因为有了自我意识，想要按自己的想法做事，但父母却认为他们是在任性，一些脾气不好或抱着不打不成器的父母，就会有意识地通过“体罚”的方式来矫正孩子的行为。

但这样做，就会让孩子认为自己受到了“不公平”的待遇，因为他觉得按照自己内心的秩序感去做事是没错的，而父母却否定了他，并且体罚他。他的负面情绪就会产生，需要宣泄。比如，他之所以会打小朋友的屁股，就是因为被母亲以同样的方式打了屁股。由此可见，父母的暴力行为是会在孩子身上延续的。从表面上看，父母对孩子使用暴力，孩子是屈服了，但实际上，孩子会寻找机会把心中的委屈发泄出来。

宝宝的执拗过后，随之而来的就是追求完美的敏感期，他们做事要求完美，不愿意出现一点错误；接着又上升到对规则的要求、对审美的要求等，正是在这有序的生命成长中，宝宝构建着自己最基本的品格和素质。

家长顺势引导

1.了解形成执拗敏感期的原因

父母要想很好地与这个时期的孩子“和平”相处，就应该了解孩子形成执拗敏感期的原因。

首先是因为孩子自我意识的发展。随着他自我意识的萌芽与发展，他会发现自己与世界并不是一体的，而是分离的。

随着他生活范围的进一步扩大以及探索能力的不断提升，他又会发现，他自己能控制的事物越来越多，他就会体验到“自我”的强大力量，从而敢于向父母挑战。正因为如此，孩子才进入了这种与父母“作对”的反抗期。

再就是孩子对秩序的固执和执着感。一旦孩子内心建立的秩序遭到破坏、拒绝或挑战，他内心就会产生强烈的不安全感，从而哭闹、反抗，这也是孩子的执拗行为。

2.理解宝宝，不和孩子“较劲”

处在执拗敏感期的孩子都很犟、很强硬，他有自己的主见，会按照自己的想法去做事。如果父母与孩子较劲，以硬碰硬的态度来对待孩子，孩子就会感觉很委屈，很难受；而父母也会感觉很气愤，又很无奈，可以说是两败俱伤。所以，父母慎用较劲的方式与执拗敏感期的孩子相处。

比如，当孩子在执拗敏感期时，他不愿意洗手，你就是磨破嘴皮子跟他讲各种各样的道理都不管用；如果父母强行给孩子洗手，孩子会反抗，也会很痛苦。这些做法都不科学，往往父母越是这样做，孩子就会越执拗，甚至会引起孩子更大的反感与反抗。有的孩子妈妈在强行给他洗手后，连最爱吃的饭都不吃了，其实这是与父母在“斗气”。之所以会这样，是因为在这场洗手与不洗手的“斗争”中，孩子认为自己“失败”了，所以他感觉自己是弱小的。由此可见，父母强行让孩子洗手会给孩子带来很大的心理伤害。

一般来说，孩子的执拗行为是没有办法完全去除的，只能尽量去缓解。缓解的方法就是父母给予孩子足够的理解，并顺从他的要求，以此来减轻孩子内心的焦虑与不安。同时如果父母能够转变自己的教育方式，用迂回的方式来代替直接的方式，改变宝宝的执拗可能就会变为一件非常简单的事情。所以，不用央求孩子，不用跟孩子讲道理，一样能让孩子自动地去穿衣、洗手、懂配合。

3.控制自我行为，不对孩子施暴

如果父母对孩子施以暴力，就会给孩子的内心带来巨大的伤害，他会想办法把心中的怨恨和委屈发泄出来。如果他受到了暴力对待，他首先也会想到以暴力来发泄自己。

父母千万不要小看孩子的这种暴力行为，这很可能就是孩子以后“暴力倾向”的前兆。如果父母不调整自己的教育方式，还有意识或无意识地对孩子施以暴力的话，很容易就会让孩子形成暴力的性格和思维。

孩子毕竟是孩子，而且还是处于执拗敏感期，他很难控制自己的行为。而父母就不一样了，父母是成年人，完全有自我控制的能力。当面对所谓的“不听话”孩子时，父母就要理智一点，一定要控制自己的行为，把孩子受到的“伤害”化解掉。父母的宽容与忍耐一定会早日让孩子健康成长起来。

4.父母双方意见要一致

很多父母在教育孩子时，喜欢一个扮“白脸”，一个扮“黑脸”。一般来说，扮黑脸的是父亲，爱板着脸，甚至会动拳头；扮白脸的是母亲，懂得安慰孩子，为孩子甚至会跟黑脸父亲争吵。

这就出现了一个问题，就是父母的教育意见在孩子看来是不一致的。别看孩子小，但人小鬼大，机灵得很。这时，他就会向“白脸”靠近。他认为，“白脸”对他好，是他的靠山，即使我再不听话也没关系。在这种想法的影响下，他就会加剧自己“不听话”的行为，那么，孩子的执拗敏感期就会延长。

其实，无论孩子是否处于执拗敏感期，父母双方都应该齐心协力，教育观点一致，这样才能让孩子真正健康成长。

游戏活动

作对宝宝

游戏目的：让宝宝认识到任性和作对是不好的，初步学会有意识地控制自己的行为。

游戏玩法：

1.把宝宝平常与家长作对和任性胡闹的行为换个人物编成小故事。

2.在宝宝情绪稳定时给他讲这个有关“作对宝宝”的故事，然后问宝宝，故事中的“作对宝宝”的做法对不对，为什么？

3.家长和宝宝一起回忆，平时宝宝乖巧做事的情景，然后和故事中人物的行为做对比。

4.让宝宝认识到自己乖巧时候的行为是正确的，并提出表扬。

5.再让宝宝想一想自己平时是不是也有像“作对宝宝”那样不乖，故意和家长作对的时候。

6.家长再问问宝宝，乖宝宝究竟应该是什么样的，然后一起讨论如何才能摆脱“作对宝宝”，成为乖巧宝宝。

7.和宝宝约定一个时间做期限，考考宝宝是不是真的做到了一个乖宝宝。

提示：在游戏的执行过程中，家长遇到宝宝任性胡闹时，可以再次游戏，以起到提醒和督促的作用。

举一反三：宝宝平时叛逆和任性的行为都可以编成故事，家长通过讲故事，让宝宝自己认识到哪些行为是不合理的，并通过“约定”让宝宝来初步学习如何控制自己的行为，成为不再执拗作对的乖宝宝。

Part 6 社会规范敏感期（2～6岁）

大约2～6岁是幼儿社会规范敏感期，孩子从依赖父母、自我中心的状态，逐渐学会结交朋友，喜欢参与群体活动，这就说明孩子进入了社会规范的敏感期。社会规范敏感期的教养有助于孩子学会遵守社会规则、生活规范，以及日常礼节，抓住时机教养，有利于将来遵守社会规范，拥有自律的生活，和他人轻松交往。

01 LESSON 自我意识敏感期：强调“我”的概念（2~6岁）

典型现象的捕捉

现象一：这是“我的”

2岁左右的孩子常常强调什么东西“是我的”。如果他的东西被别人动了，就会非常痛苦，而且他们不愿意与别人分享自己的东西。

现象二：“不！”“我不！”“我就不！”

3岁左右的宝宝开始变得“反常”，让他做什么事情他都不配合，而且还会情绪激动地去拒绝，你让他吃饭，他说“不！”，你让他穿衣服，他说“就不！”，你让他睡觉，他说“我就不！”……总之，就是不肯按照你的意思去办，你的乖宝宝变得“叛逆”了。

比如，一位妈妈带着即将满3岁的儿子和他的表哥去踏青，妈妈说：“儿子，让哥哥拉着你的手。”儿子很坚决地说了一个字：“不！”妈妈就继续劝他说：“哥哥拉着你会很安全的！”他还是倔强地说：“就不！”妈妈就让哥哥主动拉儿子的手，可这下，儿子竟然大哭起来，不仅不让拉，还一屁股坐在地上不走了，耍起赖来了……妈妈真是想不通了：“为什么儿子总是这样反常呢，这么倔强，情绪也很暴躁，以前那个温顺可爱的儿子哪里去了呢？”

现象三：为什么？不知道！

当你要求宝宝做什么时，宝宝会明确而坚定地拒绝你，可是当你问他为什么这样时，他却回答不上来，甚至会直接告诉你“不知道！”你如果严格要求他，他会反抗，但是你如果冷处理，他反而会乖乖地做他该做的事情。

比如，妈妈已经盛好了饭，在饭厅里喊：“宝贝，来吃饭好吗？”女儿回答说：“不！”妈妈走到女儿身边，问道：“宝贝，去吃饭吧！”女儿仍然说：“不！”妈妈并不生气，她非常有耐心地问：“为什么不吃饭呀？”女儿回答说：“不知道！”而且，她还奇怪地抬头看着妈妈，好像给妈妈“示威”一样。看女儿这个样子，妈妈就没再说什么，也没有把她硬拉到餐桌前，而是一个人回到餐厅吃饭了。妈妈没吃几口，女儿就来到饭桌前，自己吃了起来……

现象四：“偷”东西并且“撒谎”

三四岁的孩子经常会把自己的东西藏起来，有时不是自己的东西也会被他偷偷带回家，问他这些东西是从哪里来的，他还吞吞吐吐，甚至撒谎。比如，你发现3岁半的儿子从幼儿园放学回来时，会偷偷地把他喜欢的一些小玩意儿、小玩具装在口袋里带回家。而且，当你问他时，他却怯生生地说：“是老师给的。”你有些担心，不知道该怎样应对孩子的行为。你非常希望儿子能够健康快乐地成长，担心如果不对他加以引导，他会养成偷窃和说谎的坏习惯，但又不知道该如何去引导儿子。这种担心恐怕是很多出现类似状况的妈妈都会有的。

现象五：强烈的维权意识

五六岁的宝宝开始有了强烈的维权意识，只要他觉得自己的权益受到伤害时，就会坚定地站出来维护，而且振振有词地指责和理论。比如，一个五岁的小女孩被幼儿园的同学不小心碰了一下，于是她便走到这个同学面前一本正经地说："刚才你碰到我了，你应该向我道歉！"当她发现别人违背规则时，她也毫不犹豫地制止别人不遵守规则的行为，那架势像模像样，不容置疑。

现象六：我要平等

五六岁的宝宝已经觉得自己是个小大人了，他认为自己应该拥有和大人一样的权利，在开家庭会议的时候自己同样应该拥有发言权，吃饭的时候也要跟大人坐一样的凳子、用同样的餐具、吃同样的食物。当别人把他当成小孩"藐视"他时，他也会强烈抗议。

蒙氏理论解析

在宝宝出生的最初时期，他会对父母，尤其是对母亲非常依恋，因为宝宝觉得自己与别人是一体的。但是随着他的不断成长，他就很快意识到，自己与母亲、父亲和他人是分离的。这段时间，他就会说"不"来拒绝他人，什么事情都不会痛痛快快地配合，从而体验到自己与他人分离的快乐，证明"自我"的存在。现象中的宝宝都是在"自我意识"的状态下做出的正常反应，而不是父母眼中的"反常"。

孩子的自我意识一旦觉醒，他就会通过有意识地说"不"拒绝别人，抗拒别人，以此来练习自己的意志。

孩子在自我意识敏感期，做出什么样的抗拒和拒绝行为都是没有理由的。所以，妈妈问孩子“为什么”时，他是答不出理由的。之所以会这样，是因为孩子在这个时候还不是理性的存在者。这样做，只是表明孩子的意志开始形成。

孩子偷拿别人的小物品，或者是把别人的东西藏起来，以供自己玩耍并不是他恶意地去侵犯别人的财产，而是孩子在自我意识敏感期的一种正常表现，他觉得自己喜欢就拿了，好像也没有什么不对的。

对此，父母大可不必特别惊讶，也不要认为孩子不道德，更要慎用“严加管教”的方式，甚至是打骂孩子。很多成人都用审视的眼光看孩子，以自己的经验判断孩子，随意地去评价孩子，其实这就在无形中给孩子一个不平等的待遇。如果孩子一直生活在一个平等的环境中，他就懂得人与人是平等的，谁也不能无视他的尊严，一旦有人不尊重他，他就会维护自己的权利。

孩子的自我意识的敏感期会持续到4岁以后。父母只需要耐心引导，当然，引导孩子有很多的方法，只要父母善于学习，善于总结，就一定能发现，就一定能让孩子顺利度过这个敏感期。如果孩子得到正常的发展，他就会逐渐走出以自我为中心的情形。

家长顺势引导

1.不要强迫，让宝宝按自己意愿做事

在这个时期，孩子的自我意识比较强，会故意向父母展示他的自我。所以，越是父母强迫他去做什么，孩子越不愿意去，如果父母再强迫的话，孩子就会更“反常”。

父母越是不理解孩子，就会越迷茫，甚至会与孩子针锋相对，导致孩

子更不合作。这样长期下去，整个家庭的生活就会乱成一团，对孩子的健康成长是非常不利的。

相反，如果父母不去强迫，而是随他来，孩子可能就会自动地改变自己，才会顺利地度过这个敏感期。

面对不来吃饭的孩子，一位父亲悄悄地对他的妻子说："我们不要再叫他了，他一会儿自己就会过来吃了！"果然，当他们不再频繁地去"请"儿子来吃饭时，儿子真是很快就自己洗了手，坐在餐桌旁吃饭了。而且，这对父母也学聪明了，不是要求孩子去吃什么，或是"请"孩子去吃什么，而是等孩子自己提出要求时再拿给他，这样，儿子的饭吃得就比较顺利。可见，不与孩子"较劲"，孩子反而会变得"配合"。

父母应该知道，当孩子的自我意识刚刚形成时，对待任何事他都有自己的意愿，会按照自己的意识行事。所以，这个时候，父母的呵斥与打骂是不起任何作用的。父母只有尊重孩子的意愿，孩子才会愿意合作。

2.对于"偷窃"正确对待

很多父母发现自己的孩子有"偷窃"的行为后，就会感到非常紧张，就会非常严厉地警告孩子。其实，这样的做法是不妥的。父母应该知道，孩子之所以会"偷拿"别的小朋友的物品，只是因为孩子对他人物品的归属感还不是很明确或很强烈。

所以，在这种情形下，父母可以耐心地告知孩子："别人的东西不可以拿，更不能带回家""这些东西是别人的，拿别人的东西要征得别人的同意""你的物品不允许别人拿，所以你也不能拿别人的东西"。这样，孩子就会明白，和自己的物品一样，别人的物品也是不容侵犯的。

对于这种所谓的"偷窃"行为，父母只要给孩子讲清道理就可以，大可不必大动肝火去惩罚孩子，打骂孩子。其实，在孩子的观念中，并没有偷窃的概念。如果父母因此而惩罚孩子的话，就会大大打击孩子的自尊心，这同样也会影响孩子自尊心的发展。

当孩子“偷拿”了别人的东西时，只要让孩子把东西还给别人，或是与孩子一起把东西还给别人，而不要做太多的评价。换句话说，不要指责孩子做得如何不对，也不要用“偷”这个字眼，避免让孩子把自己的行为与这个字眼匹配。当孩子把东西还给了别人，就对他还东西的行为表示赞赏。当然，孩子拿一次，就让他或代他还一次。这样，慢慢地孩子就不再拿别人的东西了。

相反，如果父母用特别强烈的方式管教他，偷窃反而会成为孩子的一种强烈的心理需求，因为他感受到父母的重视，他自己也会重视自己的行为，从而更加变本加厉地偷拿别人的东西，以至于最后成为真正的偷。

3.尊重孩子的决定和选择

父母不要小看五六岁的孩子，不要认为他还小，不懂事，其实这个年龄段的孩子已经懂得很多事情了，他会像个“小大人”一样有自己的想法，会做出自己的决定，做出自己的选择。在这种情况下，父母应该尊重孩子的决定和选择。

如果父母不尊重孩子，孩子就会认为人的尊严是可以践踏的，没有必要“维权”，有一天他也会无视别人的尊严。这对孩子的成长和未来的人生发展来说，都是非常不利的。

所以，父母一定要认真审视孩子类似的行为，做出最合理、最有助于孩子成长的回应。同时，还要尊重他的成长规律，不拿成人的想法去要求孩子、衡量孩子，更不能武断地让孩子按照成人的意志行事。这样，孩子的自尊心和自我意识才能得到最大程度的保护。

02 LESSON 人际关系敏感期：社交开始了（3~5岁）

典型现象的捕捉

现象一：喜欢跟小朋友交换物品，但是往往是“不等价交换”

上幼儿园的宝宝很喜欢拿自己的东西和小朋友进行交换，他们用自己的玩具换来自己更喜欢的东西，而且也换来和小朋友的友谊。但是令很多父母担心的是，宝宝的这种随意的交换，完全不是建立在等价交换的基础上，他们的交换随心所欲，根本不管价值几何。于是，很多父母会担心自己的孩子在不等价交换的情况下会“吃亏”！

比如，3岁半的儿子从幼儿园回来了，手里拿着几张贴纸，兴奋地对妈妈说：“妈妈，你看，贴纸，好漂亮的！”妈妈问道：“哪来的？”“换的！”儿子还是一脸的兴奋。“换的？用什么换的？跟谁换的？”妈妈接着追问。“用小汽车换的，跟我们班的小朋友换的。”儿子得意洋洋地说。一听儿子这么说，妈妈才发现孩子的小汽车没有带回来，于是她就生气了："你太傻了，那个小汽车多贵啊，还是刚买的。这几张破贴纸值几个钱？"儿子一听，兴奋劲儿全没了，委屈地哭了起来……

现象二：争抢玩具

你的宝宝从幼儿园放学回来后非常不高兴，你问他怎么了，他说自己的玩具被其他小朋友抢走了，同时露出委屈和无助的神情。你看到自己的宝宝"吃了亏"，心里一定很着急，有的妈妈除了会责骂孩子不争气外，甚至还会教唆自己的孩子抢回来，甚至主动去抢别人的玩具。

其实，宝宝们在一起玩儿的时候，为了一个玩具经常发生争抢，甚至大打出手。这是非常正常的事情。但是妈妈们看在眼里，都不愿意自己的宝宝受委屈，有时压制不住自己，甚至出面干预，但这对宝宝来说并不一定是好事。

比如，两个4岁的小朋友在一起玩小火车，本来高高兴兴的两个小家伙，一转眼竟然为了谁先开那个小火车打了起来。他们的妈妈就在旁边，于是赶紧把孩子拉开。不过，她们都觉得自己的孩子受了委屈，便争吵了起来，互不相让。一位妈妈一回头，突然看到自己的儿子开开心心地跟刚才那个孩子又在一起玩了，顿时就不再吵了。另外一位妈妈看到这样的场景，也闭上了嘴巴。

现象三："胆小"，不愿跟陌生人接触

宝宝已经三四岁了，你想锻炼他的独立性，想让他一个人去完成一件事，可是他却不配合，任你怎么鼓励怎么说服，他都畏首畏尾，不肯自己去做。有的宝宝甚至非常认生，他不愿意自己一个人上街，上街也要拉着你的手，一刻也不想放开。让他跟邻居打招呼，他也不说话，甚至往你身后躲。

比如，一家三口晚上到楼下的餐馆吃饭。吃完饭后，妈妈让4岁的女儿去收银台结账，算是锻炼一下女儿人际交往的能力。可是，女儿并不愿意去，妈妈做了好几分钟的思想工作，女儿还是不愿去。就这样，僵持了十几分钟后，最终还是爸爸去结了帐。这件事让妈妈很伤心，因为她感觉自己在女儿身上倾注了大量的心血，可女儿却这么胆小，连这点小事也做不好。

蒙氏理论解析

1.用交换的方式换来友谊

孩子乐于支配和交换物品，表明孩子正在拉开他人际关系的大幕，开始学着与人交往，说明孩子已经进入了人际关系敏感期。在最初的时候，孩子是通过给其他小朋友零食来换取人际关系的。但他很快就会发现，当零食吃完后，刚刚换来的人际关系就消失了。于是，他进一步总结发现，玩具能够赢得更多小朋友的喜爱。于是，他就开始送给小朋友玩具或与小朋友交换玩具，以此来赢得友谊。

但是，孩子之间的物品交换却常常是不等价交换。比如，一个孩子用一颗巧克力豆换走了另外一个孩子的电子玩具车，一个孩子用一个小纽扣换走了另一个孩子的全套水彩笔……在成人看来，这些东西的价钱相差很大，就担心自己的孩子吃亏。

成人有自己的得失标准，但对孩子来说，他对物品的价值还没有什么概念。所以他也就不知道什么是吃亏，什么是占便宜。实际上孩子们是各取所需，他们通过交换而获得的东西成人可能看不到。他所获得的远比失去的多。所以，作为父母，要尽可能保护好孩子们之间的这种交换关系，直到他顺利度过敏感期。

2.争抢玩具也是一种交流

在人际关系敏感期的孩子，难免会争抢玩具，甚至会因为争玩具而打起来，但这种争抢并没有太多主观上的恶意。今天，很多父母承受了很多压力，于是就无意间把自己的竞争心态投射到孩子的身上，把自己感受到的压力转移到了孩子的身上，对孩子的人际交往特别敏感，总感觉自己的孩子吃亏了，受欺负了，于是就教唆他以牙还牙。

作为父母，应该知道，争抢玩具甚至是因此而打架，都是孩子成长中的一种必然经历，是在所难免的。对于孩子之间的争抢，父母不应该干涉，否则就像现象二中那样，当两位妈妈吵得不可开交的时候，两个孩子又开开心心地在一起玩上了。所以，父母应该学会有智慧地引导孩子。

3.“胆怯”是人际交往中的正常表现

三四岁的孩子牵着妈妈的手不放，不愿意一个人去收银台付款，这是很正常的。对于孩子牵着妈妈的手不放这件事，父母甚至都应该去表扬孩子，因为这表明孩子的自我意识比较强，并非孩子“胆怯”。因为三四岁的孩子对周围的环境还不能很熟悉，相反，如果孩子那么小就满大街跑，才是很危险的呢！

关于独立付款，虽然在成人的眼里，这是不足挂齿的小事，可在孩子的眼里，这就有着巨大的挑战。如果父母想锻炼孩子的人际交往能力、独立能力的话，可以领着孩子一起去收银台付款，给孩子做个好的示范，然后等下次有机会时再陪孩子一起去，让他付款，父母在一边看着。以后，就可以鼓励孩子一个人去收银台付款了。

正常的成年人在面对一个陌生人时心里也难免有些小紧张，何况是三四岁的孩子呢？他在人际交往中有不安全和依恋父母的感觉是非常正常的，他的安全感是需要培养的。这需要有一定的过程，那种期望孩子一夜长大的想法是非常不现实的。

家长顺势引导

1.对于交换行为不要责备但要引导

交换是孩子人际关系敏感期的重要标志，孩子不会交换反而不正常。所以，父母应该鼓励孩子的交换行为。要知道，交换或赠送，也是孩子人际交往和得到物品的方法。所以，父母在平时要给孩子一些玩具或食品，从而让孩子拥有交换或赠送的条件。

当父母发现孩子做的是“不等价交换”时，不要责备孩子。如果父母因此而批评他，说他傻的话，孩子就会认为自己真的很傻。父母应该知道，孩子在与别人进行交换时，都会有自己的标准，但这种标准却不是成人眼中的那种“等价”标准。

一位父亲看到自己的儿子用新买的文具盒换了一张手绘的贺卡时，并没有责备孩子，而是温和地问：“这张贺卡是不是那个小朋友最喜欢的东西呀？”儿子自豪地说：“是，我也最喜欢我的文具盒。”可见，儿子之所以拿文具盒与小朋友交换，就是因为两件东西对他们来说，都是自己最喜欢的。从这个角度来看，它们是“等价”的。孩子也会为这种交换感到自豪。所以，父母不要责备孩子，最好也不要干涉孩子的交换行为。

有时候，孩子与别的小朋友交换了东西后会感到后悔，于是就想再要回来。父母一定要引导孩子，交换后就不要再后悔。让孩子知道，已经交换出去的物品就属于人家了，以后再交换的时候要考虑好了，一旦交换了，就不要反悔。这样，孩子就会明白，通过交换，物品已经有了新的主人，他也就懂得了要遵守交换规则。

2.正确处理抢玩具

当孩子的玩具被别的孩子抢去时，父母不要训斥孩子，因为这起不到积极正面的作用，只会让孩子对人际关系更加恐惧，让孩子感觉自己很渺小，很懦弱。也许有的父母会认为，批评或训斥孩子才能刺激孩子强大起来。其实恰恰相反，孩子内心的自我形象不但不会强大，反而会因为父母的训斥变得更弱小，从而不再喜欢人际交往。也就是说，孩子对人与人之间关系的探索会提前结束，这样，他的人际关系敏感期也就提前结束了。这对于孩子的健康成长是非常不利的。

教唆更加不可取。对于孩子玩具被抢的情形，有的父母会教唆孩子以牙还牙，让孩子也去抢别人的玩具。结果，如果孩子比较“能干”，真的去这么做了。最后，孩子竟然“打遍全园无敌手”了。可是，孩子并没有因此而高兴，因为他没有朋友。实际上，这就出现了一个问题：孩子在人际关系敏感期没有朋友的话，那父母要希望他将来建立良好人际关系的愿望恐怕也很难实现了。

正确的做法是，当孩子的玩具被别的孩子抢了，或者是他在幼儿园受欺负了，父母给予宝宝及时的精神上支持和鼓励。因为开始的时候，孩子会不知所措，会感觉很害怕。那么，如果他能得到父母精神上的支持，他就会感觉自己很强大，就知道自己如何去应对这样的问题。

比如，一个男孩的玩具被抢了，他因此不愿意再带玩具去幼儿园，妈妈了解情况后，应该给他支持和鼓励：“这个玩具是你的，你自己决定吧！”男孩说：“一个小朋友威胁我说如果我不让他玩他就打我！”妈妈知道，孩子遇到人际交往的难题了，他选择了逃避。于是，妈妈就用一种比较轻松的语气说：“你可以这样说：‘如果你打我，我就更不让你玩。’要不要让他玩，是你的权利，你做什么样的决定，妈妈都会支持你的！”

男孩于是改变了主意说："妈妈，我带玩具去幼儿园吧，那个小朋友如果不威胁我，我就让他玩；他威胁我，我就不让他玩。"

小男孩之所以改变了主意，就是因为他获得了妈妈的精神支持，而且他懂得了，要不要让别人玩自己的玩具是他的权利。即使那个小朋友再威胁他，他也不害怕了，因为他找到了维护自身权利的方法。可见，如果父母能给孩子精神上的支持，孩子的心灵就能变得强大。

3.尽可能给宝宝爱与自由

一个环境是否安全，对于成人来说，一般会靠经验和理性去判断，但孩子却做不到。对孩子而言，陌生的环境和人充满了不安全感，会让他神经紧张、忧郁等。所以，父母要尽可能给孩子爱，给孩子自由，给他熟悉新环境和人的机会和时间，让他获得心灵的安慰和稳定。

在孩子感到紧张和害怕时，在孩子因为没有安全感而闷闷不乐时，父母不应该有任何对孩子不满的情绪和表情，更不要急着对孩子说："有什么好怕的？不要怕！"

父母应该给孩子展示怎样做才不会害怕。比如，可以多带孩子去大自然玩，让孩子获得真正的放松；满足孩子合理的心理需要，但不要让满足变成溺爱；支持你的孩子，让他觉得你时刻都在他身边，陪伴他鼓励他。这样，就能缓解宝宝社交活动中的紧张和不快情绪。

游戏活动

欢迎客人

游戏目的：发展宝宝的社交能力，学习社会礼仪，学会和了解礼貌的功用，提升自信和自我秩序感。

游戏玩法：

1.和宝宝一起准备一把椅子，以及点心、饮料。

2.跟宝宝一起讨论让客人宾至如归的重要性。

3.家长向宝宝演示如何为客人开门，欢迎客人，为客人脱外套，为客人搬椅子，招待客人喝饮料、进食，并给予客人协助。

4.孩子自己可以设计不同的情景，进行角色扮演，怎样与别人打招呼，家长可以帮助孩子决定谁来扮演客人，谁来扮演主人。

5.游戏开始，对客人说：早上好，需要帮助吗……

6.游戏结束，整理物品。

提示：游戏的方法很简单，但是需要家长自身做到有耐心和懂礼貌，宝宝才会主动和乐于学习。

举一反三：这种角色扮演游戏其实很多，孩子之间的过家家、扮医生、售票员等游戏都可以帮助宝宝学习社交技巧。

03 LESSON 个性完美敏感期：什么都要做到最好（3~4岁）

典型现象的捕捉

现象一：对人对事斤斤计较，爱较真

你的宝宝最近特别爱较真，稍微有一点他认为不对的地方，他都不依不饶，一定要你按照他的意思去办才满意。比如，一位妈妈给3岁半的儿子买了一箱牛奶，但是牛奶提袋上的两根带子却不一样长。儿子看到后，就哭丧着脸说："我想让它们一样长，让它们一样长！"一开始妈妈没理儿子的茬儿。这下，儿子可不干了，他大哭起来，非要妈妈把那两根带子弄成一样长的。没办法，妈妈只好把那根长带子解下来，再比照着那个短的拴上去。儿子看到两根带子一样长了，才停止了哭泣。

现象二：对自己高标准严要求，差一点都不行

宝宝越来越追求完美了，他在做任何事情时，一定要达到自己内心的要求才肯停手，有一点没做好他都要停下来重做，一丝不苟、毫不马虎。比如，一位

妈妈突然发现4岁的儿子好像变了一个人似的，因为他对自己的要求越来越高了。以前儿子画画时，并不那么较真。可现在，如果他觉得自己哪里画得不好，他就会把这张画扔掉，重新再画。哪怕这张画已经非常不错了，只是最后一笔落得不太恰当，孩子也会毫不犹豫地把整幅画都扔掉。因为，在他眼里，那幅画就是不完美的。

蒙氏理论解析

追求完美是人的天性，当然也是孩子的天性。完美会给孩子带来精神上的愉悦，相反，如果某种事物或环境是不完美的，他就会感到非常痛苦。其实，这就表明，孩子的精神世界正在走向丰富与深入。

虽然，很多不完美的东西在成人看来并没有什么，甚至还感觉有些美学特征不完美也是一种美，比如，残缺的美。但是，在孩子的眼里，它就是不完美的，因为孩子有自己的判断标准，这个标准是很多成人所不具备的。当然，有的成人也具备这样的品质，这些人很可能是理想主义者，但就是这种追求完美的理想主义让他们成了科学家、艺术家、优秀教师以及各个行业里杰出的人。

可见，追求完美对一些成人来说也是非常有益的。对于处于完美敏感期的孩子来说，追求完美的心理就更应该得到父母的呵护。所以，为了让孩子尽可能早地度过这个敏感期，父母应该尽量去满足孩子的要求。

家长顺势引导

1.给孩子一个“参照物”

孩子心中都会有一个完美的标准，这个标准如果没有参照物作比较的话，他常常就会用“至善至美”来衡量自己。前面已经提到，当孩子因为能力有限达不到完美的程度，他的内心会很痛苦。其实如果这时候，父母能够给孩子一个“参照物”，就能化解这种痛苦.

比如，父母可以这样说：“你画的比爸爸（妈妈）强多了，爸爸（妈妈）像你这么大的时候，还不会画呢！”当孩子听到父母这么说，就等于为自己找到了一个完美标准的参照物。这样，他衡量完美的标准就会降低，从而就不会沉浸在“过分完美”的泥潭中不能自拔了。

2.要适时地表扬孩子

孩子在某个时间段会追求完美，这是很正常的。但是，因为孩子自身的能力有限，想把事情做得完美无缺也是比较困难的。在这种时候，孩子的内心就会非常焦虑、非常痛苦，甚至会怀疑自己的能力，会产生一些消极的想法，比如我很笨、我很差等等。

这时候，父母就应该懂得去表扬孩子。比如如果父母发现孩子在画画时换了一张新纸后仍旧画不好时，就可以说：“我看不错，你看，这条线画得很到位，那个点落得很正……”这样一来，孩子就会非常受益，会让自己自信起来，从而以更好的心态去面对自己正在做的事情，从而争取把它做好。

04 LESSON 性别敏感期：关注自己和他人身体（4~5岁）

典型现象的捕捉

现象一：为什么妹妹没有鸡鸡？

到了4岁左右，你的宝宝开始对人的性别感兴趣了，尤其是当他发现有的小朋友跟他的身体不一样时，这种好奇就会蔓延开来，甚至会在很多人的场合下大声问你："妈妈，为什么我有鸡鸡，而妹妹没有鸡鸡？"在通常的情况下，这种问题会让毫无准备的你非常尴尬，不知道怎么回答才能缓解令众人脸红的气氛。有的妈妈甚至恼羞成怒地去责骂孩子。

现象二：对"人体百科"感兴趣，并要一探究竟

四五岁的宝宝喜欢研究人体，尤其是对男女不同的生殖器表现出浓厚的兴趣，他们喜欢翻阅人体百科书的插图，并且对比男女生殖部位的不同，指着让你替他解答。

比如，4岁的儿子手指着图片中男人和女人生殖器的部位，问道："妈妈，他们这里为什么不一样呢？"

妈妈说："那是生殖器，是区分男人和女人的性别的。"儿子听完，想了一下，转身就走了。但自从那一天，家里只要有人上卫生间，他就跟在后面。有一次，妈妈上卫生间，儿子又跟进去了，妈妈有点生气了，就问道："我是男人还是女人？"儿子说："女人！"妈妈又问："你怎么知道的？"儿子说："你头发长，还有，衣服好看！"妈妈说："这就对了，不看那里也知道是男人还是女人。"儿子愣了一下，突然恍然大悟的样子，以后他再也不尾随别人去卫生间了。

蒙氏理论解析

一般来说，孩子4岁左右时就会对性别和身体产生兴趣，而且对于男人和女人的差异也非常敏感。到5岁时，他就会对自己的身体非常感兴趣。其实，孩子对性别或对身体的好奇是他成长中的必然经历。对孩子来说，他对身体上任何一个部位的认识，当然也包括对私处的认识，与他认识嘴巴、眼睛、鼻子等是没有什么区别的。

所以，作为父母，要尽可能满足孩子的这种好奇心理，如果孩子的这种好奇心理被压抑或没有得到满足，他的心理很可能就会停滞不前，从而表现出对自己或他人的身体持续不断的兴趣来，这种兴趣很难转移。当孩子到青春期时，他这种被压抑的好奇和欲望就会爆发出来，就会变得容易冲动、叛逆，从而做出一些难以预见后果的错误行为来。

另外，孩子在性别敏感期时，会对异性小朋友好，这在小朋友交往的过程中表现得很明显。其实，这也是孩子心理发展过程中的一种正常表现，父母不要误解了孩子的行为，不要嘲笑他，更不能把孩子当成"小色狼"。否则，孩子就会不知所措，心理发展就会陷入混乱状态，严重影响孩子的自然成长。

家长顺势引导

1.以坦然的态度面对宝宝的问题

宝宝对自己的身体和异性的身体感兴趣，在这个年龄段是再正常不过的事情。这个年龄段的孩子会对人的生殖器感兴趣，还会对妈妈的乳房感兴趣，这都是孩子在性别敏感期的正常表现，这种行为与“性”无关，这一点父母一定要知道。即使孩子伸手去摸妈妈的乳房，也不涉及性的意识与道德感，因为孩子只是在认识身体，在客观地认识世界，他的行为没有任何的感情色彩。

孩子也会提出一些问题来。这时，就需要父母以坦然的态度来面对孩子。因为父母越是遮遮掩掩，孩子就越是好奇满满。他会想方设法让自己的好奇心得到满足，可能会做出更“出格”的事情来。

相反，如果父母能用科学的方式向孩子解释一下，孩子心中的疑问就解决了，那他对私处的差异就不再感兴趣了，孩子的性别敏感期也会很快过去。

2.用科学的方式教宝宝认识身体部位名称

不管是男孩还是女孩，在某个时间段都会对自己的身体感兴趣，产生好奇，很想了解每一个部位的名称，有什么用途，结构是怎样的，自己的身体与别人的身体有哪些是一样的，哪些是不一样的，等等。

所以，作为父母，当孩子问有关身体部位的问题时，应该利用这个机会用科学的方式向孩子讲述：把身体各个部位的名称教给孩子，让他在大脑中有个最初的概念。然后，再循序渐进地在名称中加入越来越多的内容，让孩子的认识有更进一步的发展与完善。

游戏活动

男女大不同

游戏目的：让宝宝通过了解自己的性别，进一步了解自己，更好地控制自己。

游戏玩法：

1.家长准备一些印有男孩、女孩、穿衣、玩耍等画面的彩色图片。

2.家长出示图片，让宝宝辨认图片上，哪个是男孩，哪个是女孩。根据年龄区分哥哥姐姐、弟弟妹妹，注意性别的区分。

3.出示衣服的图片，请宝宝选出他希望妈妈给他买的衣服的图片，并说说看男孩应该穿什么样的衣服，女孩应该穿什么样的衣服。

4.让宝宝说说男孩和女孩有什么不同，从头发、服装、身体特征上来说明。

5.让宝宝自己跟图片上的男孩和女孩做对比，说说自己哪些方面跟他们是一样或不同的。让宝宝告诉家长自己是男孩还是女孩。

提示：通过认识图片的游戏，让宝宝在轻松的氛围中了解自己的性别以及男女的不同，对宝宝自我意识的发展也有很大帮助。

举一反三：除了通过图片之外，一些画本、童书也有关于性别的生动描述；在平时外出时也可以和宝宝一起辨认路人的性别；平时在对宝宝的打扮和培养上也要注意性别的区分。

05 LESSON 提问出生敏感期："我是从哪里来的"（4~5岁）

典型现象的捕捉

现象："我是从哪里来的？"

4～5岁的宝宝开始对于自己的出处感到好奇，"我是从哪里来的？""怎么来的？""我跟爸爸妈妈以及这个世界有什么样的联系？"他们的小脑袋里开始出现了这些疑问，所以经常会有宝宝冷不丁地对爸爸妈妈提出这样的问题："妈妈，我是从哪里来的？"

很多父母不知道该如何回答这个问题，因为它太复杂而且有些难以启齿。所以很多父母会敷衍甚至欺骗宝宝：以后你就知道了；你从石头缝里蹦出来的；是妈妈从垃圾桶里捡回来的……这些回答看似解决了一时的问题，但是有的宝宝却开始因此变得焦虑不安，我是从石头缝（或垃圾堆）里出来的，爸爸妈妈会不会有一天不要我了啊？所以你会发现自己的宝宝，在你回答完他的问题后变得闷闷不乐。

蒙氏理论解析

所有的孩子到了一定的年龄都会对这个问题很感兴趣，那就是“我从哪里来”。因为随着宝宝与人交往，从嗓音、发型、穿着、举止、生殖器官等各方面让宝宝有了男人和女人的区分，这类在成人世界里包含着太多世俗、道德、隐私和难以启齿的问题在宝宝的世界里是那么纯真与无邪。

对宝宝来说，在追问自己来自何处的过程中，在宝宝对身体和性别的探索过程中，宝宝坦然地接纳了自己，认可了自己。在确认了自己的身份之后，宝宝开始关注男女差别、关注服饰举止，为积累成人时的人格特征做着积极的准备。

但是，面对孩子的问题，家长们的回答却显得那么蹩脚和令人失望，他们会说：你是从石头缝里蹦出来的，从垃圾堆里捡来的，从妈妈的胳肢窝里生出来的，从土里刨出来的等等。

这样的回答让孩子百思不得其解，就会让孩子有强烈的不安全感，甚至会给孩子造成心灵的伤害，非常担心自己被父母抛弃。所以，对于这个问题，父母还需要认真对待才可以。

家长顺势引导

1.不要欺骗孩子

面对孩子“我从哪里来”这个问题，很多父母都会感到尴尬，觉得难以启齿，想逃避这个问题等。之所以会这样，是因为父母把这个问题与性联系到一起了。很多父母为了避免让孩子过早地了解到性，就会用前面说到的几句话来欺骗孩子。其实，那是敷衍孩子。作为父母，首先有一个原则，就是不要欺骗孩子，要以正确的心态去面对孩子，要以正确的方式告知孩子才可以。

2.使用科学的方法解答

父母应该从科学的角度，用科学的语言，站在科学的立场，把这件事讲述给孩子。

比如有的妈妈不是自然分娩而是剖宫产，会在身体上留下疤痕。如果孩子问这样的问题，就可以让孩子看母亲肚子上的疤痕，然后告诉他："你就是从这里出来的。"一位妈妈就是这样告诉孩子的，而且还给他讲了一些细节，孩子听了以后非常感动，留着泪对妈妈说："妈妈一定很痛，我会学乖，不让妈妈生气。"从那以后，孩子真的变懂事了。

不会回答的父母可以给孩子看百科全书。儿童百科全书或人体百科书上专门有讲怀孕、分娩的细节的地方。当孩子追问细节的时候，父母就可以让孩子去阅读，因为是图文并茂，即使只看图，再加上父母的指点，孩子也会明白是怎么回事的。

游戏活动

我从哪里来

游戏目的：让宝宝了解自己的出生的秘密，发展孩子的社会性。

游戏玩法：

1.准备一张胎儿成长图和自己怀孕时候的照片。

2.给宝宝看胎儿成长图，告诉他："爸爸妈妈结了婚，妈妈的肚子里就种下了一粒种子，这粒种子一天天长大，就像图上的胎儿这样长大，瞧，这就是你！"

3.和宝宝一起看胎儿图，找到最小的胎儿，然后顺序往下找，这会引起孩子极大的兴趣，会向大人发出许多问题，大人就顺着这些问题指导孩子，丰富相关的认知，让孩子明了自己的由来。

4.结合胎儿图讲一讲妈妈怀他期间的情况，出示妈妈怀孕的照片，将照片和胎儿图结合着讲，让宝宝看看照片里的妈妈和现在的妈妈有什么不同，鼓励宝宝讲出来。

5.讲一讲宝宝在肚子里的动态，讲一讲妈妈怀他的辛苦和难受，讲一讲爸爸妈妈对宝宝的盼望与钟爱，讲一讲为宝宝出生做的各种准备……

提示：这个游戏，家长一定要做好充分的准备，占据主导的地位，迎接宝宝的一切问题。甚至在孩子没有问及此事时，主动去引发孩子的好奇，“小鸡是从哪里来的？是从鸡妈妈生的鸡蛋里孵出来的，宝宝是从哪里来的呢？”这样做能促进孩子的自我认识，还能增进亲子感情。

举一反三：除了照片、图片之外，家长还可以跟宝宝一起玩儿“扮孕妇”的游戏，让宝宝体会妈妈怀孕时的状态，通过轻松有趣的方式让宝宝了解出生的秘密。

06 LESSON 身份确认敏感期：偶像崇拜（4~5岁）

典型现象的捕捉

现象：偶像“上身”

4岁左右的宝宝很喜欢看动画片，尤其对动画片里面的正面形象非常崇拜，有的宝宝喜欢奥特曼，有的喜欢喜羊羊，有的喜欢孙悟空，有的喜欢白雪公主，有的喜欢超人……这些偶像深深影响了宝宝们，他们开始模仿自己的偶像，甚至偶像“上身”，觉得自己就是孙悟空、奥特曼、喜羊羊、超人或者白雪公主……每天都学这些人物说话、动作，行事风格都一模一样。

比如，4岁的儿子最近迷上了奥特曼，每天都会穿着带有奥特曼图案的上衣去幼儿园，即使那件衣服洗了还不太干，他也一定要穿。没办法，妈妈只好又给他买了一件同样的上衣。有时候全家人在一起吃饭，儿子会突然说：“妈妈，好像有个怪兽在屋里，我要去打怪兽。”于是，放下碗筷匆匆地在屋里走几圈，做几个奥特曼打怪兽的动作，然后才回来继续吃饭。儿子吃饭的时候，只吃肉不吃青菜。于是，妈妈就指着一盘菠菜说："你知道吗？那些大力士都喜欢吃菠菜，你还记得爱吃菠菜的那个大力水手吗？奥特曼很可能也是靠吃菠菜来增长力量的。"听妈妈这么一说，儿子立即吃了一大口菠菜，但好像感觉不太好吃，就皱了一下眉头，妈妈接着说："菠菜里面含有很多能量，奥特曼吃了才能有神力打败怪兽。"这下，儿子又吃了起来，还说："奥特曼吃的菠菜也是这个味！"

蒙氏理论解析

每个人在成长的过程中都会经历一段身份确认敏感期。几乎所有的孩子都会向往神通广大，崇拜那些神仙、武林高手、有特异功能的人，希望自己也成为那样的人，会在生活中模仿那个人。在成人看来，童年就好像是一个梦想的时代；但在孩子眼里，那就是真实的。所以，想当超人的男孩会全副武装，想当公主的女孩会让自己变得温柔。

当孩子在模仿偶像时，也是在逐渐建立一个关于自己内心的形象，也就是"我是谁"，并且逐步给自己定位。这时候，动画片或书籍里的人物形象就能满足他内心的这种需求。所以，父母就会看到孩子成为了"黑猫警长""喜羊羊""超人""奥特曼""孙悟空""白雪公主"等等。也就是说，孩子摇身一变，就成了他理想中的人物，他会通过他喜欢的偶像来确认他自己，并且构建自我。

所以，孩子在模仿偶像的同时，也是在塑造自我。作为父母应该允许孩子尽情地去模仿，给孩子做梦的权利。并且可以利用孩子对偶像的模仿，让他改掉自己身上的某些缺点，培养好的习惯。

当然，孩子在身份确认敏感期过后，父母再称呼他"孙悟空""奥特曼"什么的，他可能就会不高兴，他会说："我就是我。"这说明你的孩子已经知道自己的身份到底是什么了！

家长顺势引导

1.尊重并配合宝宝的身份认知

孩子把自己当成孙悟空、奥特曼、白雪公主等，这是他在确认自己的身份，是在身份确认敏感期的正常表现。作为父母，一定要尊重孩子对身份的认知，不要以成人的认知方式去破坏孩子的认知。如果不尊重孩子在身份敏感期的这种身份认知，就会导致孩子的身份确认敏感期过早地结束，这不利于孩子的自然成长。

所以，父母要理解孩子，给他自由，支持他的模仿行为。甚至还应该配合孩子的模仿行为。比如，孩子模仿孙悟空的时候，父母就可以模仿师父。要吃饭的时候，父母就可以这样对孩子说："悟空，我是师父，来吃饭了。"这样，孩子就会高高兴兴地来吃饭。如果父母能够配合孩子的模仿行为，孩子就会很容易度过这个敏感期。

父母应该知道，在模仿的过程中，孩子正在为自己性格的形成积蓄力量，从而让自我形象变得强大起来。当孩子的心理需求得到满足之后，他就会放弃模仿行为，走出幻想的世界。这个时候，就表明孩子已经顺利度过了身份确认的敏感期。

2.善于利用偶像帮孩子改正缺点

每个孩子身上都有缺点，但是想让孩子改正，却不太容易。其实，父母可以利用孩了崇拜的偶像来让他改正缺点，培养好习惯。

就像现象中的妈妈，就利用"奥特曼吃菠菜"让孩子改掉只吃肉的坏毛病，从而培养孩子良好的饮食习惯。当然，孩子的其他缺点，也是能与他所崇拜的偶像联系起来的，父母要善于利用这一点。

07 LESSON 情感敏感期：表达爱、需要被爱（4~5岁）

典型现象的捕捉

现象一：黏人

四五岁的宝宝原本活泼独立，喜欢自己玩儿或者找小伙伴玩儿，可是最近却变得非常黏人，妈妈走到哪儿都要跟着，晚上也不回自己的房间，要跟爸爸妈妈一起睡，甚至半夜醒来要妈妈抱一抱才会接着回去睡……宝宝为什么突然变得这么黏人？很多妈妈开始发问。

现象二：要妈妈全心全意只陪自己

宝宝不让妈妈做家务，不让妈妈出门，甚至不让妈妈接电话，他一定要妈妈陪自己，“霸占”住妈妈，谁也不许来打扰。比如，电话铃一响，4岁半的儿子就大声说：“不能接电话！不能接电话！”如果妈妈要接，他就会跑过去抢过来，对着话筒说：“喂，你好，我妈妈不在家，再见！”当妈妈了解到是孩子的情感敏感期到来了，于是放弃了做家务，陪儿子说话、读书，儿子非常高兴。当电话铃响的时候，爸爸去接电话，儿子完全没意见。玩了好长时间，妈妈想起一件事来，于是赶紧起来拨电话，这时儿子并没有阻拦妈妈。不过，当妈妈跟电话那头聊了十几分钟后，儿子不干了，他跑到妈妈身边，大声说："不让妈妈打电话！"然后泪流满面，妈妈问："为什么不让妈妈打电话呀？"儿子说："我让妈妈陪宝宝。"

现象三：动不动一点小事儿就哭泣

你的宝宝已经四五岁了，可是却比小时候更加爱哭，本来微不足道的小事，平时都不会引起他的注意，可是现在就会哭出来，而且哭得很伤心，神经变得异常敏感，身体不舒服会哭，觉得委屈更会哭，甚至看到你皱了一下眉头，他都会大哭一场，经常搞得父母不知所措。尤其是当他觉得自己受了委屈，而妈妈又没有及时安慰时，就会哭得更加伤心，他可能觉得妈妈不爱自己了。

比如，一个4岁半的男孩非常活跃，感觉自己是个小男子汉了。一天，全家人到湖边散步，小家伙一直在大家前面开路，一会儿这蹦蹦，一会儿那跳跳，还前跑跑，后退退的……突然，小家伙在路边往前跑的时候，不小心跌了个跟头。但是他并没有哭，而是想自己爬起来。这时，妈妈快步走过去，说："你是小男子汉，一定会自己爬起来的。"这句话还真管用，男孩一下就爬了起来，还自己拍拍裤子上的土。可是奶奶此时赶到了孙子面前，连忙说："哎呦，好孙子，摔疼了吧。来，让奶奶看看，一定很疼啊！"奶奶说完这些话，孙子竟然委屈得大哭了起来。奶奶连忙把孙子搂在怀里，说："这该死的地面，把我的孙子给绊倒了，该打……"这下，男孩哭得就更伤心了……

蒙氏理论解析

4～5岁的孩子情感世界就会被父母唤醒，他对情感也有了更加深刻的认知。所以，他就特别喜欢跟妈妈和爸爸在一起，感受来自父母的爱与温暖，就会变得特别黏人，甚至把爸爸妈妈独占，不允许别人分走一点。这其实是孩子情感萌发的表现。

同时在有了情感以后，他就会表达出来。每个孩子都会用哭泣来表达自己的情感。但是，孩子在3岁之前的哭泣大都是因为生理方面的原因，比如身体不舒服、饿了、想上厕所等等，很少涉及到情感方面。随着年龄的增长，他就会用哭泣表达委屈，表达情感。比如，当父母离开他外出时，或没有及时去幼儿园接他时，他就会伤心、难过，心里感到很委屈，以致落泪。

有的孩子在情感敏感期内渴望表达情感，会经常往父母的怀里钻，喜欢亲吻父母等等。其实，这不仅是孩子在向父母索取爱，也是在向父母表达自己的情感。这个时候，父母应该读懂孩子的情感，高高兴兴地接受和配合孩子，切不可按着自己的主观想法或自己心情的好坏做出回应。否则，就很可能会伤害孩子。

另外，孩子还希望妈妈和爸爸都把关爱给他，不能分心，所以如果妈妈去忙别的去，或者去亲别的小朋友，给别的小朋友分食物的时候，孩子会以为妈妈不爱他了，就会很“吃醋”，进而阻止妈妈去做这样的事情，甚至会伤心地哭泣。

现象二中，孩子是非常希望妈妈能陪他的，当妈妈陪了他后，他就会感到很满足。所以，当妈妈再打电话时，孩子也没有像以前那样阻止。可是，当发现妈妈聊了“很久”还没有停止的迹象后，他就会很着急，于是就强行让妈妈中断电话。其实，妈妈应该理解，孩子需要妈妈的陪伴，需要妈妈能全心全意地陪伴他，而不是一个分心的妈妈。

当然，如果孩子本来没有感觉有委屈，但周围人的话却让他感受到很大的委屈时，他也会伤心地哭泣，以此来表达自己的情感。就像现象二中的男孩一样，本来他是没有感觉到委屈，但奶奶那么一说，却让他感觉到受了很大的委屈。这会让他有一种错觉：遇到这种情形，就应该感到委屈，而且会感觉妈妈不爱他，不关心他，而奶奶却很在乎他。其实，处于情感表达敏感期的孩子，对于委屈是非常敏感的。有时候即使他感受不到委屈，但如果周围的人，如父母、爷爷奶奶等用话渲染出这种委屈来，孩子就会表现得非常“委屈”，就会哭泣。

家长顺势引导

1.给宝宝表达情感的自由

孩子在情感敏感期内渴望表达情感，会经常往父母的怀里钻，喜欢亲吻父母，也常常会因为一点小事儿落泪。孩子的情绪常常随着父母的情绪而变化，只要他感觉父母的情绪有点不对，他就会很委屈，就会认为父母不再喜欢他，不再爱他了。于是，他的眼泪就会流出来。

面对这种情形，很多父母就认为孩子太爱哭了，太脆弱了，心理承受能力太差了。其实，父母不应该否定孩子的情绪，要理解孩子，关爱孩子，这样才能帮助孩子驱除内心或真实存在或根本不存在的委屈。

2.安慰并满足宝宝的情感需求

孩子在情感敏感期，会表现得比较“脆弱”，当自己因为亲吻别人的孩子或给别人的孩子分享食物时，孩子可能会很难过，会表现得很“小气”，甚至会大哭大闹，但这并不表示孩子任性，也不能认为孩子情感脆弱。实际上，这是孩子情感的一种正常表达。

父母一定要理解孩子，尽可能地满足他的心理需求。比如当孩子晚上睡了一会去找妈妈抱时，如果妈妈满足她，孩子的心理需求也得到了满足。父母应该学会安慰孩子，当宝宝知道妈妈是爱自己的时候，他的心情才会放松下来。如果父母不能满足孩子，孩子的心情就会很差，孩子总想着这件事，就会把它变成心事。如果心事一直得不到解决，就很可能影响孩子心理的正常发展。他幼小的心灵就会受到伤害，就会感觉父母离他很远，从而不利于他的健康成长。

3.要有理智的态度

面对孩子的委屈，父母应该有一种理智的态度，既不能过分心疼孩子，也不能表现出默然的态度。就像现象三中的妈妈，她的做法是非常好的，是值得学习的。但是，奶奶的做法就有待商榷。

其实，很多父母在生活中面对这样的情形，大都会像现象三中奶奶那样做。但是，父母应该知道，只有用理智的态度面对孩子类似的情形，才不会让孩子产生委屈的错觉，从而让孩子正确面对自己所受的“伤害”。

08 LESSON 婚姻意识敏感期："我要结婚！"（4~6岁）

典型现象的捕捉

现象一：要和大人结婚

4岁左右的宝宝，当看到结婚的场景时，往往也会心向往之，女宝宝说要跟爸爸结婚，男宝宝则说要跟妈妈结婚或者跟幼儿园的老师结婚。他们的想法往往让父母哭笑不得，你明明知道他们的想法很幼稚，但是他们却非常认真，让你不得不思考如何跟他们沟通这个问题。

比如，一天，4岁半的女儿突然对妈妈说："妈妈，我想结婚，和爸爸结婚！"听了女儿的话，妈妈知道女儿的婚姻敏感期来了。于是就说："你很爱爸爸，所以想和爸爸结婚，是吗？"女儿回答说："是的。"妈妈非常认真地说："结婚这件事很严肃，你应该找一个非常喜欢你的人结婚，可这个人必须和你没有血缘关系。"女儿有点糊涂了："什么是血缘关系？我不管，我就要结。"妈妈耐心地说："你是爸爸的女儿，所以你们就有血缘关系，就不能结婚；妈妈和姥姥、姥爷都有血缘关系。”以后的几个月，女儿经常提起和爸爸结婚的事。妈妈每次都会抓住机会，让孩子理解婚姻是怎么回事，从而建立简单的婚姻概念。

现象二：结婚对象变成小伙伴

5岁左右，宝宝们才会放弃跟大人结婚的念头，而去“爱上”一个小伙伴。这时候的宝宝，只给自己喜欢的孩子分享好吃的东西，想要跟对方结婚，而且经常在一起玩，产生矛盾时也不愿意让其他人干预等等。

蒙氏理论解析

随着宝宝社会性的发展，情感的敏感期会让宝宝的爱意显现得越来越明显。5岁左右，孩子们开始对人群组合发生兴趣，并开始了对各种组合形式的探索。由于婚姻的组合形式离儿童生活最近，所以儿童的探索就会先从婚姻开始。

在婚姻敏感期的最初阶段，孩子会对自己的父母产生强烈的好感，而且会看到这种现象：女儿想要嫁给爸爸，儿子想要娶妈妈，甚至有的女孩想和妈妈结婚，有的男孩想和爸爸结婚。也许，有的父母会认为孩子无厘头，一笑了之。但是，当父母看着孩子对婚姻问题越来越感兴趣时会意识到，孩子真的开始对人类的情感世界进行探索了。

但是，孩子的认识会慢慢发生变化，也会对自己的年龄有所认知。他会突然意识到，爸爸妈妈虽然很好，但他们和自己不一样。因为爸爸妈妈是大人，而自己是孩子，人应该与同龄的人结婚。这个时候的孩子选择伙伴的倾向性非常明显，并且知道了一些简单的婚姻规则，比如只有相爱的人才能结婚等。当孩子有这种认识的时候，他就会在同龄的小朋友中间选择“爱人”。

此时的家长不必紧张，首先要以正确的态度宽容看待孩子的“恋爱”

和“结婚”，其次引导孩子对婚姻关系有更加深刻的理解，传达给他正确的婚姻观念，让他学会怎样爱别人和怎样接受别人的爱。

宝宝社会性发展的步骤是由自我向他人、由他人向社会的发展过程，先认识自我，了解他人；然后了解社会，认识社会；最后才是在社会中生活和发展。社会性发展是宝宝今后成人、成才的必经之路，家长作为宝宝的第一任教师，抓住宝宝社会性发展的敏感期，引导和协助，并提供可交流互动的机会。良好的社会性发展，会为宝宝一生的发展打下坚实的成才根基。

家长顺势引导

1.要平等地与孩子交流

在婚姻敏感期，孩子已经对自我、性别、异性有了最初的感觉。所以，他才对结婚这个问题比较感兴趣。作为父母，对此不要惊讶，也不要以为孩子过早地成熟，一定要耐心地、平等地、科学地与孩子交流。

当父母发现自己的孩子喜欢某个成人，并想跟他结婚的时候，父母一定不要嘲笑孩子的想法或行为幼稚，也不要在公开场合揭露孩子的“婚姻”。否则就会给孩子带来心理负担，影响孩子心理健康发展，甚至会严重影响孩子未来的爱情观和婚姻观。

2.帮孩子建立正确的婚姻概念

面对处于婚姻敏感期的孩子，父母有一个很大的责任，那就是让孩子建立正确的婚姻观念。利用每一次机会跟孩子沟通，让孩子了解婚姻的情况，从而建立婚姻概念。

一个4岁多的小男孩对妈妈说：“妈妈，长大后我要娶你。”妈妈笑着说：“你长大了，妈妈就老了。”男孩挠挠头，作思考状。妈妈继续说：“你应该找一个和你年龄差不多大的女孩结婚，这样你们才有共同语言，才会幸福。你看，现在你愿意和小朋友一起玩，而不愿意和大人玩，道理是一样的。”从那以后，男孩就不再提娶妈妈的事情了。后来，妈妈再问他想和谁结婚时，他就悄悄地对妈妈说：“找个和我差不多大的，我爱她，她也爱我。”

这位妈妈非常聪明，她巧妙地向孩子传递了正确的婚姻概念。当然，建立完整的婚姻概念需要很长的时间，因为它十分复杂，有些人可能一生都很难建立起这个概念。所以，父母对于孩子的要求也不要太高，只要他明白婚姻的一些基本要素就可以了。

游戏活动

婚礼小司仪

游戏目的：满足宝宝对结婚的好奇以及对婚礼的认知，提高宝宝的语言表达能力。

游戏玩法：

1.家长告诉宝宝要给玩具娃娃举行一场隆重的婚礼，一起讨论婚礼的细节和流程。

2.邀请宝宝担任司仪，家长扮演娃娃父母。为宝宝设计司仪台词，并允许宝宝自由发挥。

3.婚礼开始，司仪上场说准备好的开场白。

4.播放《婚礼进行曲》，邀请“新人”入场，家长带出娃娃，对他们送出赞美和祝福。司仪按流程主持，直至“礼成”。

提示：游戏的过程中允许宝宝在司仪台词和主持风格等方面自由发挥，以提高宝宝应变能力和语言能力。

举一反三：除了扮演司仪，还可以让宝宝扮演新郎、新娘或者新人父母，在正面积极的状态下帮助宝宝建立正确的社会和婚姻概念。

09 LESSON 社会活动敏感期：爱帮忙的“热心肠”（5~6岁）

典型现象的捕捉

现象一：我要做，让我做

5岁左右的宝宝变得非常“热心肠”，当他看到爸爸妈妈修东西、做家务的时候，他会积极地跑到爸爸妈妈身边说：“妈妈让我切菜吧”“爸爸让我拧灯泡吧”“让我洗手绢吧”“让我倒垃圾吧”……他们的热心有时候搞得正在忙碌的父母很心烦，认为他们根本做不了，而且一直在旁边转来转去是在添乱，甚至生气地把他们赶跑，完全打消了宝宝的积极性，宝宝的“要做”的热情也被浇熄了。

现象二：让他做，他会很开心，并能做得很好

宝宝有“做事”的冲动，如果一旦父母满足了他的这种心理需求，他会做得很开心，而且会非常认真地将事情做好，完全不是给父母添乱。

比如，一个女孩在5岁时，突然对倒垃圾产生了浓

厚的兴趣，每天早晨上幼儿园的时候，她就背着书包，提着垃圾桶去倒。妈妈为了支持她参加家务劳动的兴趣，培养她倒垃圾的责任感，对她倒垃圾的事情给予充分肯定，表扬她勤快、能干。这样，就激发了女孩主动倒垃圾的自豪感，慢慢地形成了习惯，并最终把这项劳动看成自己的一种责任。一直到她7岁时，还每天依旧开心地提着垃圾下楼。

蒙氏理论解析

很多父母把孩子想要做事的行为看成是“添乱”“凑热闹”“搞破坏”“捣乱”等，于是就会阻止孩子去做他想做的事情。其实，这是对孩子的一种误解，孩子想做饭、想修理、想做家务等想法或行为都是他在社会活动敏感期的特殊表现。如果父母不让他去做，那他这种好奇心或愿望很快就会消失，那孩子的自理能力也会很难培养起来。

家长顺势引导

1.给孩子做事的机会

每一位父母都应该特别留心孩子的社会活动敏感期，一旦发现他有想做事的想法，就一定要让他去做，甚至是创造机会让他做。孩子之所以想做事，就是因为他有好奇心，有探索的欲望，如果父母以各种理由拒绝孩子，不但会伤害孩子的自尊心，还会扼杀孩子的好奇心和探索心。这样，孩子学习和成长的主要动力——好奇心就会消失，那孩子的学习和成长就会受到很大影响。

所以，父母一定要给孩子做事的机会，给他足够的自由，这样孩子才能健康成长，才能具备强大的成长力量。

2.及时鼓励孩子

当然，并不是孩子想做事他就一定能做好，很多时候，孩子只是在探索，而只要有探索就会有失败。比如，开始的时候，他连基本的家务可能也做不好。初次切菜的时候，可能真的会受伤等等。对孩子来说，这可能就是一种挫败。

这时，就需要父母及时鼓励孩子，不要让孩子轻易放弃，并给孩子示范正确的做法。这样，孩子就会有信心，他就能够顺利地度过这个敏感期。

游戏活动

宝宝收垃圾

游戏目的：培养宝宝的劳动热情和动手能力，养成良好生活习惯。

游戏玩法：

1.设置游戏情境：今天小动物们要来熊宝宝家做客，可是熊宝宝家里可脏了，地上到处都是垃圾，要是被小伙伴们看到，他们肯定会笑话熊宝宝不讲卫生的。熊宝宝可着急啦！他想请宝宝来帮助他，宝宝愿意吗？

2.“宝宝知道要把垃圾放在哪里吗？”先由妈妈做一遍示范，让宝宝看清妈妈是怎么做的，垃圾被放到了哪里。

3.游戏开始之初，可以是拿起垃圾轻轻放入垃圾桶内；一段时间之后，为了提高宝宝的游戏兴趣，可以改为投掷游戏。将垃圾桶放在固定的位置，并让宝宝站在指定的位置，把垃圾扔进垃圾桶。

提示：用来投掷的垃圾一定不要是易碎或者不容易清理的物品，以防将环境弄得更加脏乱。

举一反三：在生活当中让宝宝做一些力所能及的家务，孩子是非常乐意的，让宝宝洗洗自己的小毛巾、小手绢，吃完饭帮忙收拾碗筷，帮忙浇花、照顾宠物等等，不仅能满足宝宝自己动手的愿望，还能培养其良好的生活习惯。

10 LESSON 社会规则敏感期：规则意识的建立（5~6岁）

典型现象的捕捉

现象一：大家都要遵守游戏规则

5～6岁的宝宝开始有了规则意识，他们在一起玩儿的时候会制定游戏规则，并且因为大家都遵守规则而愿赌服输，即使输了也会乐于接受惩罚，而如果一旦有人破坏了规则，那么游戏将不欢而散，并且给孩子心里留下疙瘩。

比如，3个小朋友在玩儿“剪刀石头布”的游戏，大家规定，两个赢的人可以弹一下输的人脑门儿作为惩罚。游戏开始后，前两个输的小朋友都遵守规则，接受了惩罚。但是到第三个小朋友输了的时候，他却逃跑了，不让其他小朋友弹他。结果另外两个小朋友就不高兴了，其中一个规则感更强的小朋友甚至好几天都会闷闷不乐，再也不愿意跟那个不守规则的小朋友玩儿了。

现象二：希望大家尊重自己内心的规则

5～6岁的宝宝希望得到大人的尊重，比如他不喜欢的衣服、他不爱吃的菜、不爱看的书、认为不对的事情……父母都不能强加给他，而且连出现在他面前都不行，否则他就会认为你破坏了他内心的规则，忽视了他的想法，不尊重他。

现象三：共同建立规则，形成合作意识

到了6岁，孩子开始积极地了解自己和他人的基本权利，喜欢遵守和共同建立规则，形成合作意识。比如选举班长，实现自我管理，监督上课的时候谁没有进教室，吃饭前谁没有洗手，哪个孩子没有遵守幼儿园的规则……

蒙氏理论解析

游戏之所以有意思，就是因为它有规则，如果没有规则，那就不成为游戏了。孩子也一样，他们会在玩游戏的过程中，反复使用规则，并把它内化，也就是蒙台梭利所说的“肉体化”。当孩子把规则内化以后，那就意味着他对群体，对社会都会有一种规则意识、责任意识。

孩子喜欢游戏，他也喜爱规则，并遵守规则，他会因为有规则才会去玩某个游戏。但是，这并不表明所有的孩子都是遵守规则的。所以，当遵守规则的孩子遇到了不遵守规则的孩子时，他就会很痛苦，就会想不通这件事。就像现象一中的规则感强的小朋友，他认为不遵守规则、说话不算数是不对的。因为在他的心里，已经建立了规则意识。

作为父母要了解这一时期，孩子心中对规则的渴望，并且尊重他的“游戏规则”和“内心规则”，不强迫他们做违背自身认可规则的事，即使父母对孩子的行为不理解，也不要试图说服孩子按照自己的想法去做。父母应该尝试与孩子沟通，看看他内心的想法是什么。通过沟通，父母可以发现孩子的想法是有道理的，并不是故意找茬儿或任性。如果父母这么做，就等于尊重了孩子的规则意识，从而让规则在孩子的内心得到强化。

家长顺势引导

1.允许孩子玩规则游戏

一般来说，孩子会在玩游戏之前定好规则，并会遵守这个规则。这样，他才会有安全感。几乎所有的孩子都是在这样的规则中成长的。但是，在他玩游戏的过程中会遇到输了不认账的情形，这时，赢的孩子就会承受痛苦。于是，有的父母就不允许孩子玩这类输赢的游戏，认为这好像是赌博。

其实，事实并非如此，玩这种游戏是孩子成长过程中的自然经历，在玩游戏的过程中，他会建立规则、遵守规则，而且会锻炼承受输赢的心理素质。一般来说，孩子在6岁左右会对这种输赢游戏达到痴迷的程度。但到了10岁左右时，大多数孩子都能严格遵守游戏规则，也就是说，他们的规则意识又提高了很大一截。

2.不强迫孩子做违背自身规则的事

在孩子看来，很多事情都是有规则的，一旦违背了他的规则，孩子就不愿意去做。比如，在成人看来，盖浇饭就是把菜盖在饭上的一种饭，很正常。但是，在孩子眼里，饭就是饭，菜就是菜，两种东西混在一起，就不是饭了，就不能吃了。

如果父母强迫孩子去吃的话，就等于让孩子做违背自身规则的事，孩子的心理就会受到伤害，就会影响孩子规则意识的发展。当然，在生活中还有很多这样的情形，比如，孩子讨厌某种衣服的颜色或款式，父母就不要强迫孩子去穿。

Part 7 书写与阅读敏感期（3.5～5.5岁）

在书写与阅读敏感期，儿童开始对几何图形、立体图形表现出强烈的兴趣，并且出现“书写爆发”现象，即儿童喜欢写和画。在阅读中，吸引儿童兴趣的是文字的形状和不同文字所具有的不同音调。

01 LESSON 书写敏感期：孩子涂鸦就是写字（3.5~4.5岁）

典型现象的捕捉

现象一：喜欢拿着笔在纸上戳戳点点

2岁多的宝宝非常喜欢笔这种工具，而且喜欢拿着笔在纸上戳戳点点，他认为自己是在写字，但是上面其实只有密密麻麻的小点点。

现象二：画直线、画圆圈

3岁左右的宝宝能在纸上来来回回画出不规则的直线，一段时间之后能画出不规则的圆圈。虽然写的不是字，但是宝宝却在为写字打基础了。

现象三：喜欢乱写乱画，认为涂鸦就是写字

三四岁的宝宝可能经常会在纸上用蜡笔或水彩笔涂鸦、画画，如果爸爸妈妈教宝宝学会写数字后，他们可能就会天天在纸上涂画着，一笔一笔都很认真。他们认为自己是在写字，而且写得很好，即使父母看不出来他到底写了些什么。

比如，3岁半的儿子在茶几上趴着写了好长时间了。妈妈走过去看儿子在写什么，刚到儿子跟前，儿子就问妈妈："你看我写的是什么？"妈妈看了半天，也没看出儿子写的是什么。儿子开口了："妈妈，我写的是……"他开始跟妈妈讲了起来，可是妈妈还是没看出来。

现象四：外面的世界不精彩

宝宝迷上了写字，他开始变得很专注，以前总想往外跑，总觉得外面的世界很精彩，现在却可以"安安静静"地在椅子上坐上半个小时甚至更久。

现象五：在意父母评价，得到夸赞会信心倍增

对于乱写的宝宝来说，他们可能都不知道自己写了些什么，何况是父母。但是如果父母此时打击他，就会熄灭孩子的积极性，在书写敏感期却失去对书写的兴趣，是件很可怕的事；相反，如果宝宝得到了妈妈的夸赞，那么他就会信心倍增，爱上写字。

比如，一个4岁的女孩跑到书桌前，拿出爸爸写字用的笔和笔记本，就开始写了起来。写了一会儿，她就大声喊道："妈妈，快来啊！"妈妈来到女儿面前，女儿腆着小脸一本正经地问妈妈："妈妈，你看我写的字漂亮吗？"妈妈一看，女儿根本就不是在写字，而是在乱画。女儿看到妈妈没有及时作出评价，有点失望。妈妈看到女儿的表情后，说了一句话："我看还不错，你看这个字写得就很不错，妈妈像你这么大的时候还不会写呢！"听妈妈这么一说，女儿非常高兴，一下子找到了自信，她非常认真地说："我还要写更多的字，我要好好写。"

现象六：能写几个字，并对自己的"墨宝"很自豪

四五岁的宝宝，有的已经可以歪歪扭扭地写出几个字了，这让他们对自己的墨宝相当自豪，喜欢跟别人展示，希望得到所有人的夸赞和鼓励。

比如，4岁半的儿子兴奋地对妈妈说："妈妈，快来看，我会写字了。"妈妈来到儿子的房间，只见儿子写了几个"人"字，或者是"八"字。这时，儿子非常自豪地对妈妈说："妈妈，你看，我写了个'人'！"妈妈认真地看了看孩子写的字，能够看得出，儿子写这几个字费了很大的功夫。于是，妈妈就鼓励他说："嗯，不错，写得很工整啊！"儿子很高兴，他说："妈妈，等爸爸回来后，我想让爸爸也看到。还有爷爷、奶奶、姥姥、姥爷……"

现象七：不分场合，到处都是"写字板"

在这个阶段，宝宝爱上了写字，他们不管看到什么都会拿笔涂鸦一番，不管是墙上、纸上、门上、地上……统统是他们涂写的场所，他们可不管哪里能写哪里不能写，只要能写出字来就行。

比如，几个四五岁的孩子在小区的水泥地面上比赛写字，他们有的写的是字，有的写的像字，有的写的不是字……尽管如此，每个孩子都开心地写着。当写满那一小片空地时，一个小家伙突然发现旁边的石桌上也可以写字，于是，他就在上面写了起来，其他的孩子见状，也都在石桌上写了起来……两个小时后，地面上、石桌上、石凳上、靠近地面的墙壁上，都是他们比赛留下的"墨宝"，看着自己写的字，小家伙们还都争着说自己写的好看呢！

蒙氏理论解析

蒙台梭利发现，幼儿的书写和阅读都是自发性行为，有其一定的发展规律，而且孩子的书写行为发展其实早于阅读。在孩子3岁半左右，父母也许会发现，孩子突然很喜欢拿着笔涂涂画画，甚至"假装"在写什么。

当孩子有这样的表现时，那就说明他已经进入书写敏感期了。研究表明，孩子的书写敏感期在3.5～4.5岁之间，当然，每个孩子的具体情况不一样，有的出现得更早或者更晚些，也有的没有明显的书写敏感期的表现。

基本上这个年龄段的孩子大多也都是在上幼儿园小班后期或者是中班。对于已经进入幼儿园的孩子，妈妈要密切关注他的书写敏感期的到来，好为他日后的一些阅读和书写习惯打下基础。

孩子的书写能力发展虽然较其他能力发展迟一些，但如果孩子在语言、感官、运动等敏感期内，得到了充分的学习，其书写、阅读能力便会自然产生。正常4岁左右的幼儿就具有一定的识字、写字能力，一般的常用字，一天可以学习2～4个，经过3～4次的复习基本就可以掌握了；6岁左右幼儿的认字、写字能力已有显著提高。

当然，在书写敏感期的最初阶段，孩子的书写实际上就是乱画，他会不停地握着笔写呀、画呀。但是，他写的所谓的“字”就是一些黑点、一些乱线条等在成人看来没有什么意义的东西。很多父母看到这种情形，就会感到很奇怪，这怎么能叫写字呢？其实，父母应该知道，这是孩子刚刚发现的一种表达方式，是与以前的表达方式完全不同的。孩子正在体验书写带给他的无穷乐趣。这个时候，孩子书写的“字”成人是看不懂的，但是孩子却是明白的。如果父母让他去解释一下，相信大部分孩子都能解释出自己写的是什么。

当然，在开始书写时，孩子所写的东西具有很大的随机性，写得也很差，这反映了孩子缺乏良好的协调和控制能力。随着孩子协调与控制能力的提高，他才能写出可以识别的线条或图案。当然，他写字的时候对写字的地方不加选择，会把字写得到处都是。这时，父母应该赏识孩子，不要批评他，引导孩子把字写在纸上。

家长顺势引导

1.戳戳点点，展示感受

实际上，只要我们给宝宝创造书写的环境，他的书写敏感期就会提前出现或者爆发得更为猛烈些。在宝宝1岁多的时候，如果我们为他提供纸笔等材料，他也会拿着笔在纸上十分投入地戳戳点点。一旦宝宝用笔成功地在纸张上留下印痕，他就会大受鼓舞，继续这个创造性的活动。

并且，那些不规则的小点或者歪歪扭扭的线条还会引发他无边的想象力，激励他以各种各样的方式去描述他“书写”出来的这些奇迹。有人说，画画是人生来俱有的智能，也是孩子最会使用的一种语言，因为他们从涂鸦开始一直到可以表达自己的感受，整个的过程都是一种自然的展现。

2.不要约束孩子“画字”

孩子书写敏感期的出现，不代表孩子就可以书写汉字了，因为，这仅仅是前书写的开始。家长不要急着让孩子写汉字，因为此时孩子的小手肌肉发育还不完善，长时间的书写，会让孩子的小手过于疲劳，影响孩子小手的正常发育；而且此时与其说是写字，不如说是画字，因为孩子根本就不能理解汉字的结构和笔顺。

很多家长教孩子写字都是从写阿拉伯数字开始的，此时一定要谨记，每一次书写的数字不要多，以孩子能够很轻松地完成为宜，千万不要强迫孩子，否则容易使他们讨厌写字。

3.给孩子一定的赏识

宝宝书写的激情能否维持得更为长久，书写的技艺能否更为精进，主要取决于父母对待他这个行为的态度，以及能否为他提供有利于这种技能发展的环境。因此，要恰当的引发以及应对宝宝的书写敏感期，我们最好对宝宝煞有介事的描述给予足够的赏识。

因为，在书写敏感期，孩子写出的字并不规范，尽管如此，孩子还是非常喜欢去书写。虽然孩子写的东西在父母眼里好像都不是字，甚至可以称为涂鸦。但是，父母依然要鼓励孩子，用欣赏的态度去看待孩子的书写。这样，就等于给孩子的书写兴趣注入了动力。就像现象二中的那位妈妈，就是在认同并鼓励孩子的书写行为，从而让孩子获得了自信与力量。相反，如果那位妈妈说孩子写的根本就不是字，把她内心的真实感受说出来的话，就会给孩子带来心灵的伤害，孩子很可能就会放弃书写。

4.父母做好榜样作用

给孩子做好榜样，并不是指教孩子一笔一划地写字，而是给孩子做好书写的习惯示范和学习氛围。也就是说，在日常生活中，父母就应该有意识地用笔写写算算，因为孩子会模仿父母的行为，他也就会学着写字。当孩子开始乱涂乱写时，就表明他已经对“书写”是什么东西有一定的概念，而且也已经感受到了书写的趣味性，从而爱上书写。

当然，父母也可以与孩子一起写写画画，让孩子感受到父母对他的支持与关爱。在这个过程中，父母也能够感受到亲子乐趣。

5.不要批评孩子到处乱写

当孩子处于书写的敏感期时，对于孩子把“墨宝”留的到处都是的情形，父母不应该批评孩子，而应该鼓励孩子。如果父母批评孩子，甚至是打骂孩子，很容易打击孩子的书写积极性，导致孩子对书写产生反感和排斥情绪，从而不愿意再写字。所以，对于书写敏感期的孩子到处乱写的情形，父母一定要理智对待，否则可能会给孩子带来不良影响。

如果不想让孩子乱写，那就给孩子准备好必要的书写工具，除了各种各样的笔和纸之外，一块写字板、一面写字墙也是必要的，宝宝有地方写字了，自然就不会到处乱画了。

6.耐心等待孩子的敏感期

有的宝宝书写敏感期来得比较迟一点，父母应该耐心等待。不要看到人家的同龄孩子已经在到处写字而自家的孩子还没有书写的动向而着急，更不要强迫孩子写字。因为孩子在书写敏感期到来之前，他对写字还没有兴趣，强迫孩子去写，只能让孩子感到压力，产生反感。这样的话，孩子的书写敏感期就会延后到来，甚至是不会到来。

游戏活动

连连看

游戏目的：锻炼宝宝运笔的稳定度，强化手眼协调能力，提高宝宝专注力。

游戏玩法：

1.家长拿一张纸先用铅笔写上一个简单的字。

2.用彩色笔沿着字点上虚线。

3.将铅笔笔迹擦拭掉。

4.请孩子拿不同颜色的彩笔沿着虚线连起来。

5.家长可以多制作几个这样的虚线字，然后和孩子一起比赛，看谁先连成一个字。

提示：写的字应由易到难，逐渐增加难度。

举一反三：除了让宝宝拿笔画之外，还可以给宝宝讲讲字形，说说汉字的故事，这些都能吸引宝宝，让他对写字更感兴趣。

02 LESSON 阅读敏感期：读书是件快乐的事（4.5~5.5岁）

典型现象的捕捉

现象一：喜欢认字

四五岁的宝宝开始认识并能书写一些简单的字，这对他们的求知欲来说是远远不够的，不管在什么场合通过什么方式，只要看到他们不认识的字，都会马上问旁边的大人这个字怎么读，他们希望认识更多的字。

比如，你的宝宝在坐公交车时，看到座位上的“爱心席”三个字，他不认识就会马上问你怎么读，也许这个座位上正坐着个年轻力壮的小伙子，这三个字一读出来马上让他很羞愧，因为他忘记给旁边站着的老人让座了……

现象二：爱上阅读

宝宝认识的字越来越多，他们对阅读也就产生了浓厚的兴趣，因为他们不再是只能看那些图片了，里面的文字所表达的意义他们更加好奇，就算是玩得很累，依然不妨碍他们读书的热情。

比如，周末妈妈带5岁的女儿去动物园玩了一天，女儿一直是蹦蹦跳跳的，一刻也没有停下来。回到家妈妈已经很累了，于是坐在沙发上休息。但是同样走了一天的女儿却好像一点也不觉得累，反而跑到自己的房间，拿出一本书读了起来……

现象三：对同一本书百读不厌

5岁左右的宝宝在阅读方面往往都有个怪癖，那就是他们往往只喜欢拿着同一本书看，而且看了无数遍，还是看不腻。

比如，晚饭后，5岁的儿子又抱起他的儿童故事书读了起来，这本书他已经看过好几遍了。妈妈看到儿子还在看这本书，就问道："好看吗？"儿子回答："好看！"妈妈接着问："你不是看过好几遍了吗？"儿子说："是的，但我还想看！"

现象四：只爱读自己喜欢的书，不喜欢的当成负担

宝宝很爱读书，但是跟成人的想法不同，他们的爱读书跟阅读量毫无关系，他们只对自己喜欢的书感兴趣，并且乐于读，如果是自己不喜欢的，他们连看都不会看一眼，如果父母强迫他们读这些书，他们就会非常不开心，最后爱读书的好习惯也被破坏掉了。

比如，一位妈妈看到自己的儿子非常爱读书，就带他去书店买书，但是看到妈妈买了很多书，儿子一点也不高兴，他撅着小嘴说："妈妈，我不爱读这样的书！"妈妈有点纳闷："那你爱读什么？"儿子说："我就爱读家里那两本……"妈妈有点不解地问："那两本书你读了十几遍了，还没读烦啊？"儿子回答："没有，我最爱看里面的……"妈妈有点烦了："只读那点书，有什么出息？"说完，就硬拉着儿子去收银台付了款，可是那些买回来的书，儿子连看都没看一眼。

现象五：给玩具讲故事

对于五六岁的小宝宝来说，阅读并不仅限于拿起书来读，他们喜欢听书上的故事，也喜欢拿着书给别人讲故事，甚至很多时候，他们会对着自己的玩具讲起来。

比如，5岁的女儿晚饭后自己回到房间，然后开始拿起一本书来读，但是妈妈进去看时，发现她并不是在单纯地读书上的故事，因为她的前面放着一只玩具小猪，原来她是在跟小猪讲《三只小猪》的故事呢，讲完故事后，还拍拍玩具小猪的脑袋说："听明白了吗？你要学习那头小猪，可千万别学那头大猪啊！"把身后的妈妈逗得忍俊不禁。

现象六：扮演故事中的角色

宝宝们从书上看到了喜欢的故事后，不仅会讲给别人听，还会模仿书里的故事形象，用角色扮演来将书中的内容表现出来，这同样是阅读的一种有益延伸。

比如，两个5岁的宝宝在一起玩，他们都看过《大灰狼和小兔子》故事，于是他们开始用自己的方式讲这个故事。他们一个扮演大灰狼，一个扮演小兔子。扮演小兔子的宝宝先是躲在一个桌子底下把桌子当成自己的房子。接着扮演大灰狼的宝宝从"远处"走过来，到桌子前后用手敲敲桌子，说道："小兔子，乖乖乖，把门开，我进来……"这时，"小兔子"也在门里面说道："我不开，我不开，妈没来，别进来……"当一遍角色扮演完，两个孩子又互换了角色，他们依旧非常认真地表演。当这一遍表演完之后，他们高兴地都跳了起来，好像是在庆祝自己表演得很成功。

现象七：经典古文不难读

处于阅读敏感期的宝宝，很容易朗读并背诵出自己阅读过的内容，即使是大人都认为比较难懂的古文，他们也会轻轻松松、信手拈来，让爸爸妈妈们不禁感叹，原来自己的宝宝有如此天分，而宝宝也因为良好的阅读习惯吸收了很多有益的知识，增长了见识，提高了素养。

比如，一个只有5岁的小女孩，每天早上起床和晚上睡觉前都要阅读一遍《弟子规》。早上不读就不吃饭；晚上不读就不睡觉。每次读都特别认真，特别用心。那些难懂的文字，对她来说变得非常轻松，读起来抑扬顿挫的，妈妈看了也非常高兴。而且，自从开始阅读《弟子规》后，女孩好像变了一个人似的，以前妈妈叫她做什么她都跟没听见一样，而现在当妈妈让她做什么事情时，她会立即去做，绝不拖延。

现象八：无法阅读就找“替代品”

如果到了宝宝的阅读敏感期，懒惰的父母没有发现，并且没有给宝宝提供良好的阅读环境和阅读材料，那么你的宝宝就会寻找其他的“替代品”来填补这项空缺。由于宝宝没有对阅读的辨别能力，吸收能力又超强，好的坏的都会照单全收，对宝宝的成长当然是不利的。

比如，一个5岁的小男孩，已经到了阅读敏感期，但是父母却因为爱看电视又不爱读书，并没有给儿子买合适的阅读材料和提供好的阅读环境。男孩每天都跟着父母看电视，有一天，妈妈发现儿子对电视里重复播放的广告词背的一字不差、清清楚楚。这位妈妈还非常高兴，原来儿子记性这么好呢！可是有一次，妈妈带男孩去朋友家恭贺乔迁之喜时，对朋友说：“祝贺你搬新家啊！”没想到，旁边的儿子立马接话：“搬新家了，偏偏赶上量多……就算量多也不怕，因为我有全新……”听到儿子这么说，妈妈真想找个地缝钻进去。

蒙氏理论解析

前苏联教育家马卡连柯曾经说过，教育的基础主要是五岁以前奠定的，它占整个教育过程的90%。阅读敏感期出现在4.5～5.5岁时期。所以，一些教育专家认为“6岁前较6岁后更容易学习阅读”。

在这个时期幼儿开始“痴迷”各种带文字或图片的东西，包括各类图书、报纸、广告牌、宣传画，甚至合同书。阅读时他们不再单纯停留在图画书多彩而有趣的图画上，对图画上的文字也产生浓厚的兴趣。幼儿往往要求成人告知图书的名字，然后自己再一遍一遍的朗读。对文字的兴趣会导致孩子钟爱起某些陌生的纯文字书籍。在阅读中，孩子们有的能看懂、读懂，也有的靠猜测，但这种阅读体验是真实的、主动的，对孩子来讲是有价值的。

如果我们根据儿童心理的特点和阅读形成、发展的规律，采用多种方式有意识地培养和激发阅读兴趣，那么，艰巨的阅读任务，就会变得轻松愉快起来，把“苦读”变成“乐读”、“趣读”，从而提高阅读效率。

当儿童对阅读发生兴趣时，就会积极主动地去学习，不会觉得枯燥乏味。当然，阅读兴趣往往影响阅读效果。有兴趣读书的儿童与无兴趣读书的儿童在相同的时间里、相同的读书条件下去读同一种书，其结果必定会出现很大的差距。

早慧孩子的共同特点之一就是喜欢阅读。孩子在5岁左右，他的阅读兴趣最浓厚，因为他已经进入了阅读敏感期。早期阅读可以使儿童增长知识，开阔眼界，促进观察力、想象力、思维力及表达能力的发展与提高，而且能使儿童获得情感、社会性等方面的发展。

这时候，阅读就会成为孩子的一种习惯，但是，如果没有适合的阅读材料，孩子也会创造出“阅读材料”，就像现象中的那个孩子，会用背广告来填充他的阅读敏感期。因为他对阅读材料没有很好的认知，不会选择，所以，对广告是来者不拒，一概背之，结果就出现了尴尬场面。这对于孩子将来的发展肯定是不利的。

孔子曾说：“少成若天性，习惯成自然。”在孩子的天性没有受到污染前，善言易人，即使到他长大也不容易改变。也就是说，孩子的善心、孝心、信心等优秀品质都是在幼小的时候培养的。作为父母，一定要教孩子读诵经典，培养他的智慧。如果孩子小的时候不教他读经典，等他长大后，恶习已经养成，就很难改正了。

家长顺势引导

1.满足孩子的识字需求

孩子要想阅读，一定要先识字。所有的孩子都会有一个对识字特别感兴趣的时期，这个时候，父母要满足孩子的识字需求。一个孩子每次上街，他都会问爸爸妈妈店铺上的字是什么。如果会读他就自己读出来，不会的他就问。一路不停地走，他就不停地问。每次，爸爸妈妈都会耐心地回答孩子，他也会再重复几遍，然后用心记下来，等下次再看到同样的字，他就认识了。其实，这就是在满足孩子的识字需求。

有的父母为了满足孩子的识字需求，就会在家具、电器、生活用品、学习用品上贴上它们的名称，这样孩子就会在不知不觉中认识这些字。这样，孩子会把文字与实物对应起来，从而让文字在孩子那里获得本来的意义。

2.帮孩子养成阅读习惯

在孩子小的时候，很多父母都会为孩子讲故事。其实，与其给孩子讲故事，还不如给孩子读故事，用手指着字，逐句地阅读，这样就能把孩子的阅读兴趣引导上来。当然，给孩子读故事也要讲究方法，一定要读出故事的趣味性来，要活灵活现，惟妙惟肖，切忌把书读得太过死板，没有表现力。

一位妈妈就是这样声情并茂地给孩子读书的。读到孩子感兴趣的地方，孩子都会让妈妈停下来，他自己拿过书来看一看，还不时地提几个问题。很快，孩子就会自己阅读了。慢慢地，孩子就会养成自己阅读的好习惯。当然，给孩子阅读的书一定要适合他的年龄特征，不要太难，最好能图文并茂，这样才能引起他的阅读兴趣来。

3.为孩子创设支持性的阅读环境

首先家长应该对孩子的阅读敏感期的到来感到高兴，对孩子“痴迷”的看书给予理解和支持，并让宝宝知道自己的阅读活动是受到父母允许和赞同的。其次，可以给幼儿布置一个专属的阅读区。

第一，要有符合孩子年龄特征的书桌和凳子；第二，光线要充足，空气要流通；第三，安静，不要让孩子读书而父母在客厅看电视；第四，要有适合孩子阅读的书；第五，要有适合孩子放书的地方，等等。

4.提供适宜的图书

父母应该为孩子选书，但这种选择并非是建立在父母对书认知的基础上的，而是应该充分考虑到孩子的阅读实际，以孩子的需要为首要原则。

一方面，要着重选择形象性、直观性、故事性强的图书。内容应是幼儿熟悉的、使幼儿感到亲切，自然地受到感染，满足内心需求和情感。色彩丰富、绚丽、对比强烈，且情节单纯、生动有趣、结构清晰、有头有尾的图书。除此之外，唐诗宋词、寓言成语也是不错的选择。另外画册、卡片、宣传册也必不可少，还可以为孩子订阅一份合适的报纸或杂志。

当然，在选择图书的时候，也应该及时地征询孩子的意见。如果孩子说他不喜欢那本书，最好就不要买，因为买了他也不一定会读。就像现象四中，妈妈替孩子做主选择了一些书，但可想而知，孩子回家是不愿意读的，如果看到孩子不读，妈妈可能就会发火，就会强制孩子阅读，就一定会产生不良的效果。

5.给予自由适时协助

在这一阶段家长要做的是鼓励孩子自由阅读、自由探索，当孩子获得尊重和信赖后，他就会在环境中自由探索、尝试。就算幼儿在阅读时遇到困难，父母要做的是帮助幼儿解决困难，但千万不要代替孩子读书。

6.亲子共读

父母可以与孩子一起读书。当孩子在阅读的时候，父母应该鼓励他，鼓励他多运用想象力，从书的图片中猜想一下书的内容，并且与孩子分享自己对图的理解，在这个过程中，孩子的阅读兴趣就会得到提高，孩子对阅读的态度就会逐渐转变为“我要读”。

当孩子要求家长讲解时，家长应该兴致勃勃地和他们一起看，并根据图画内容和孩子交谈，使词句和图像联系起来，训练孩子的语言理解能力。最后在成人讲述之后，要求孩子复述一遍，在复述故事时，孩子有可能记不真切，家长可适当提醒，鼓励其用自己的语言把故事讲完，从而进一步提高幼儿阅读的信心和兴趣。

当然，这样的阅读还能充分表达父母对孩子的关心，能够满足孩子渴望得到父母关爱的心理需求，同时也能让父母感受到亲子阅读的乐趣。另外，亲子共读也是父母在为让孩子爱读书做榜样。

7.不要强制孩子读书

因为孩子的识字量有限，这就注定孩子读不懂有太多字的故事书，但是如果父母去强迫他阅读这类书，只会扼杀他的阅读兴趣。

即使是孩子能够读懂的图文并茂的书，孩子也不一定喜欢读，同样，如果父母强迫他阅读，也会让孩子对阅读丧失兴趣，从而远离阅读。

另外，孩子一般比较好奇，好动，缺乏耐心与持久力，如果有好几本书同时摆在孩子的面前，孩子可能会一会儿翻翻这本，一会儿看看那本。遇到这种情形，父母也不要着急，不要呵斥他，这是孩子的普遍心理特点。

只要孩子愿意把书放在手里翻阅，父母就应该感到高兴，因为孩子的上述表现也完全符合孩子的阅读心理。所以，父母不要对孩子的阅读管得太死，要给他点自由。

8.认同孩子的阅读游戏表现

对于孩子在阅读敏感期的各种阅读游戏表现，父母要认同，并应该赞赏孩子。比如，当孩子主动向他人或没有生命的物品讲故事时，表明他已经理解了这个故事，并把自己融入到了整个故事之中，而且他也抓住了故事的主旨内容，明白了善恶好坏，明白了应该怎样更好地做事。

再如，孩子喜欢扮演故事中的角色，首先表明他已经读懂了这个故事，并且很喜欢这个故事，他才会去扮演其中的角色。当他与同龄的小伙伴们扮演不同的角色时，他会在游戏中学会互相帮助，学会团结合作。同时，在这个过程中，还丰富了孩子的创造力和想象力，增进了与同龄小朋友的人际交往与互动，从而促使孩子愿意与人交往。所以，父母一定要认同孩子阅读游戏的各种表现。

孩子在扮演故事中的角色时，有时候会与同龄人进行，但有的时候也会要求父母参与到其中。这时候，父母就应该积极响应孩子的“号召”，才能让孩子感受到父母对他的关爱。当然，父母也可以主动邀请孩子去扮演角色。还是那一条，如果孩子不愿意扮演，父母切不可强制孩子去做这件事。在进行角色扮演的时候，可以找故事中需要的一些道具，从而增强扮演的戏剧效果。

9.重新认识经典

父母要知道，孩子总是会阅读的，即使他没有机会阅读，他也会创造机会来做这件事。毋庸置疑，处于阅读敏感期的孩子对阅读感兴趣是与生俱来的，没有人能够改变这一点。但是，孩子对自己的阅读却没有选择能力，因为他的认知能力还比较差。所以，父母应该给孩子提供一些适合孩子阅读的材料。这些材料一定要有助于孩子一生的发展，要为孩子未来的人生打下坚实的根基。事实上，能达到这个效果的，莫过于古代传统启蒙经典，就是前面提到的《三字经》《百家姓》《千字文》《弟子规》等。

要知道，中国拥有很多蕴含着亘古不变哲理的精华读物。只要能深入了解这些经典，并按照经典要求的去做，不管是孩子，还是成人，都将受益无穷。

另外，家长还要知道，读经典，是阅读，而不是背诵，当孩子读得多了，自然就能背诵了，这是水到渠成的事情。所以，在开始教孩子阅读的时候，一定不要要求孩子在一定长时间内背诵，追求速度和阅读量，那样就带有功利心，就体会不到经典所传达的意思了。

父母应该与孩子一起读诵经典，一方面是给孩子做榜样，增强孩子阅读经典的兴趣；另一方面，也是让自己利用这个机会深入经典。因为今天的父母也很少有人读过传统经典，与孩子一起阅读，是一个很好的再学习的机会。

游戏活动

缺页的故事书

游戏目的： 培养宝宝视觉观察与判断力，提高推理能力（事情的发生、过程、结果的排序）。

游戏玩法：

1.把宝宝的一本故事小书剪开，从开始拿下一页，从中间拿下1～2页，最后从结尾拿下一页，就可以带宝宝进行游戏了。

2.在书页的后面用铅笔编上号码：①、②、③、④等。

3.让宝宝观察图片，找出故事图片排列的顺序。

4.请宝宝将故事图片按顺序排好，将故事图片翻过来让宝宝自己检查排列得是否正确。

5.家长引导宝宝用清楚的语言将故事讲解下来。

提示： 如果宝宝感到困难，家长开始不要准备过多图片，先准备三张，待宝宝熟悉游戏之后，再逐渐增多图片的张数，加深难度。

举一反三： 除了缺页故事书之外，还可以讲一个故事的开头然后让宝宝发挥想象自己编故事；或者把宝宝喜欢的故事排演成小话剧，和宝宝一起扮演故事中的角色，加深宝宝对故事的理解和认识；另外，在阅读敏感期可以让宝宝多读一些启蒙经典，增强宝宝的文化内涵。

Part 8 文化敏感期（6岁及以上）

幼儿对文化学习的兴趣萌芽于3岁，但是到了6岁左右才会出现探索事物的强烈要求，孩子对国籍、不同的文化等表现出好奇。因此，这时期“孩子的心智就像一块肥沃的田地，准备接受大量的文化播种。”成人可在此时给孩子提供丰富的文化信息，以本土文化为基础，延伸至关怀世界的大胸怀，比如可以让他涉及风土人情、历史、地理等方面的知识。

01 LESSON 数概念敏感期：加、减数字间奥妙无穷（6岁左右）

典型现象的捕捉

现象一：不是真“识数”

有些2岁多的宝宝已经会数数了，他会指指点点地数东西，嘴里还念着“1、2、3……”但这些只不过是通过感知和运动来把握客体的数量，这时的宝宝只具有对少量物体的初步的数观念，还算不上真正具有数概念。

比如，一个2岁多的小男孩已经可以从1数到5了。但是当妈妈让他数数玩具柜上有几个娃娃时，他伸出手指边点边数着：1、2、3、4、5，数完后却告诉妈妈：4个娃娃。

现象二：不懂数的大小多少

4岁之前的宝宝并不明白数字的真正含义和用途，他们即使可以把数字从1数到100，但是却仅限于“数”而已，数字就像他们的玩具一样，是他们用来数着玩的，对于数字间的加减和多少都不敏感。

比如，一个3岁的宝宝能从1数到20，他觉得很骄傲，可是当邻居阿姨问他是16个苹果多，还是15个苹果多啊？”他可能就会有点不太自信地说：“16个苹果多。”要是阿姨再追问：“那是15个苹果少，还是16个苹果少？”时，他可能就完全蒙住了。

现象三：会清点一定数目

5岁左右的宝宝到了数词和物体数量间建立联系的阶段。从只具有对少量物体模糊的数观念达到了可以形成数概念的阶段。在数完之后，宝宝已经知道最后一个数就是这些物体的总数，更让家长惊喜的是，孩子开始可以按大人所说的数目来拿取物品了。

比如，妈妈让5岁的儿子从糖果盒里拿出5块糖果，宝宝认真地点数着，正确无误地拿出了5块糖果放在桌子上。然后，宝宝数了2块给爸爸。妈妈让儿子数数桌子上还剩下几块糖果，他一边用手点，一边说：“1、2、3，还剩下3块”。

现象四：懂得加减运算，甚至分类组合

4～6岁之间的宝宝开始对数字敏感，并且喜欢数学的加减运算，20以内简单数字的加减基本难不倒他们，他们甚至懂得了什么是分类组合，明白不相同的事物是不能相加的。

比如，爸爸问6岁的儿子：“8个苹果加9个碗是多少？”儿子一开始有点蒙，但是随即就会回答：“8个苹果加9个碗等于9个碗加8个苹果。爸爸，不同类别的东西是不能相加的，碗和苹果应该不是同一类别的东西吧！”看，小家伙们就是这么聪明呢！

蒙氏理论解析

会数数并不代表进入了数概念敏感期，有的宝宝在两三岁就已经会数数了，但是这并不代表他们真的认识了什么是数。在这个阶段，孩子的思维处于直觉行动性思维水平，他们对数量的理解也局限于自己所感知物体的动作中，并未形成每一个数词与实物间一对一的联系，还不理解数的实际意义，没有形成总数的概念。

因此，口头数数的宝宝虽然能像小和尚念经般“唱数”，但当问及总数时，他只是从数过的数中任选了一个数告诉你，而且他们当然也不明白数字之间还有大小多少之说。孩子在4岁之前，他仅仅是把数字符号当成一种玩具，而且不知道数字之间的逻辑关系，这时的他们还常会把数数错，比如，数到20时，会突然跳到35。

孩子到了4岁多时，总是喜欢问：这是几个，现在是几点，有几个人？还喜欢数楼梯、数楼层、加减法……这是因为孩子对数名、数量、数字产生了浓厚的兴趣。这时候，孩子能比较轻松地算出一些简单的加减法的题目，一旦他算出一道题来，就会表现得快乐无比。5岁左右，孩子的基数概念、序数概念和计数能力都有了不同程度的拓展，形成了相对稳定的数概念，并具有初步的数字加减运算能力和数量守恒能力。

再经过一段时间，孩子就会对分类和组合产生极大的兴趣。在6岁的时候，就已经对分类组合有所认知，并能够判断出某些东西是否属于一个类别。一旦父母了解了孩子数学敏感期的整个过程，就会有针对性地对孩子进行指导了。应该有针对性地对孩子进行指导，让孩子了解数与数间的关系，及时让孩子掌握分类的概念。

瑞士著名心理学家皮亚杰和美国心理学家布鲁纳都认为，数学能促进孩子认知的发展。幼儿的思维是具体形象的，而数字比日常生活中的一般概念更抽象。因此，学习数学对于促进幼儿思维能力大有裨益。家长如果能适时给予引导和启发，让孩子接近数学，喜欢数学，养成勤于思考的习惯，孩子的脑筋就会变得越来越灵活。

家长顺势引导

1.在生活中学数学

很多孩子虽然会数数，但对数与数之间的关系并不理解。所以，父母应该尽早让孩子明白这种关系或逻辑，对孩子加强数概念的认识。

当然，仅靠用口说是不够的，父母还应该通过实物让孩子去感知。使数学成为宝宝生活和游戏的一部分。如让孩子数数楼梯的台阶数，家里杯子的只数；在积木游戏中，数数搭的宝塔共有几块积木……

总之，家长应多引导幼儿感知和寻找日常生活中的“数”，鼓励孩子在生活中多操作、实践。

2.及时让孩子掌握分类的概念

虽然分类组合概念是初中数学课程里的内容，但是在孩子的数学敏感期，特别是孩子对数字之间的逻辑关系有了一定的了解之后，父母最好能够及时地向孩子讲述分类组合的概念，让孩子尽早掌握，这对孩子来说，是非常有益的。比如，父母可以利用与孩子整理玩具、收拾不同物品的机会，或者是通过与孩子玩分类游戏的机会，及时与孩子沟通分类的概念，从而让孩子顺利掌握它。

3.耐心等待孩子的数学敏感期

并不是所有孩子的数学敏感期都是按照这个年龄来的，有的孩子的数学敏感期会比较滞后，一直到上小学时还学得比较吃力。对于这种情形，父母也不要太着急，更不要逼迫孩子去学习数学，这会使孩子的敏感期消解、打破、推迟。

所以，父母不能操之过急，不妨耐心等待孩子数学敏感期的出现，给孩子多一点自由和宽容，给他多一点爱。

游戏活动

大老板

游戏目的：训练宝宝加减运算能力，加强宝宝对数的敏感性，建立孩子使用钱的购物常识。

游戏玩法：

1.家长准备彩纸、剪刀、彩笔和各种玩具。

2.家长拿出彩纸、彩笔和剪刀，和宝宝一起用制作游戏道具：钱。

3.宝宝自己来决定“钱”的形状、颜色、图案。

4.把各种玩具当成商品摆放好，家长根据宝宝的数学能力给每个“商品”定价。

5.家长扮演老板卖东西，宝宝扮演客人来买东西，考考孩子的计算能力。

6.换孩子扮演老板，家长扮演客人。

7.将材料整理干净，所有物品放回原位。

提示：在买东西时，家长可适度“为难”孩子，比如定价10元的东西，只给7元，看看宝宝是不是能发现，然后是怎样应对的。

举一反三：除了买卖东西之外，还可以让宝宝分水果、用扑克牌做加减法等来提高他的运算能力。训练运算能力的方法很多。

02 LESSON 逻辑思维敏感期：由于好奇不断探究（6岁以上）

典型现象的捕捉

现象一：十万个“为什么”，把父母当成“百科全书”来问

6岁左右的宝宝脑子里总是有很多的疑问，他们对自己不解的事物喜欢刨根问底，一有问题就不停地问父母“为什么？为什么？”俨然把父母当成大百科全书。对这样的“问题”宝宝，父母“有限”的知识存储有时候也招架不住。

比如，周末你带6岁的宝宝去动物园玩，他看到黑熊后问题就一连串的来了：“爸爸，为什么黑熊总是仰着头?”“因为他们希望我们把食物给他们。”爸爸回答。“为什么他们一直吃个没完，他们饿了吗?”宝宝再问。爸爸想了想说：“应该不是饿了，而是馋了，就像你看到好吃的食物也会馋啊，也希望多吃一些，对不对？”“可是，妈妈不会让我吃个没完，它们的妈妈为什么不管啊？”“这个……”爸爸回答不上来了……

现象二：即使你回答了问题，他依然表示怀疑

宝宝爱问为什么，可是当他们得到答案时，又不会心满意足地完全相信，他们对这个问题还是会心存疑惑——是这样吗？

比如，一位妈妈带6岁的女儿在楼下玩，看到路边的老爷爷把眼镜摘下来揉眼睛，女儿问："妈妈，那个爷爷为什么摘下眼镜啊？"妈妈回答说："可能是眼镜戴久了爷爷眼睛累了吧！"于是，女儿跑到老爷爷面前问："爷爷为什么摘下眼镜啊？"老爷爷说："太热了，爷爷的眼睛出汗了。"女儿好像不太明白，还用很疑惑的眼光看着那位老爷爷……

现象三：自问自答、自说自话

有的宝宝还喜欢自问自答，大多数问题都不需要你的回答，他自己会告诉自己答案。

比如"你是什么老师，你是张老师。""为什么要打伞啊？因为天下雨了！""我把童话书放到哪儿了？我放到房间的壁橱里了。"等等。这些问题在老师和父母面前应接不暇。

蒙氏理论解析

不断追问"为什么？""天为什么黑了？""为什么会下雨？""小朋友为什么要上幼儿园？"等等。这些问题总是让家长感到应接不暇，可是孩子却不管不顾地打破沙锅问到底。因为随着年龄的增长，孩子会逐渐表现出对世界的好奇，对于他想了解的问题就会不断地寻找答案，他们试图寻找事物之间的因果关系和必然联系，这是逻辑思维敏感期出现的标志。

但是当孩子有能力通过阅读找到答案之前，他会认为答案都在父母那里，因为从小都是父母告诉他关于周围的一切。所以，这个阶段的孩子大部分还是通过和父母“问与答”来满足自己的求知欲，于是，孩子会不自觉地把父母当作“百科全书”问个究竟。当家长一次一次地给孩子解答时，孩子开始出现了逻辑思维。孩子正是通过这样一问一答，或者自问自答的方式，在认识客观世界的同时也发展了思维能力。

不过，孩子对于父母给出的答案并不是百分之百相信，他一边向父母请教着，一边还在怀疑着，或者还有更深的疑问。即使父母从教科书中拿来标准答案，孩子还是会追问下去，因为孩子正在用提问的方式探索这个世界。因此，当孩子不断地提出“为什么”时，父母更需要用耐心和智慧引导孩子。

逻辑思维敏感期会在两周，一个月，三个月消失，每个孩子渡过的时间不一样。在顺利通过这个敏感期后，孩子的心智会提升，从一个层面上升到另一个层面。

家长顺势引导

1.不要觉得宝宝很烦

处于逻辑思维敏感期的孩子会让家长感到抓狂，因为他会不断追问“为什么？”如“为什么会下雨？”“下雨为什么会有闪电，为什么会打雷？”等等，不管你在忙什么，孩子总会要你解答他们的问题，你恨不得想自己变成十万个为什么。这一敏感期家长不应有种误解，觉得孩子哪来这么多事儿，甚至以我很忙为由来回避孩子的问题，这都是些错误的做法。

只要是聪明的家长就应该知道，如果能利用好这一时期，对发展孩子智力，丰富孩子知识是有很大帮助的。当孩子提问时你一些问题时，首先你不应该感到厌烦，要尽可能的利用一些孩子能理解的话去给孩子解释。

2.诚实回答，不要不懂装懂

当孩子提出的问题父母不知道时，切不要为了自己的面子不懂装懂，或者胡乱回答。这样会给正在敏感期的宝宝造成认知的错误，他是完全信任父母的，最初得到的答案更是会留下根深蒂固的印象，如果这个答案是错误的，在以后的很长一段时间甚至一生都很难从思想上矫正。

所以对于不会的问题就应该大大方方对孩子说：“这个我也不清楚，等我查一下相关资料后再告诉你。”和孩子一起查阅资料。比如和孩子一起翻阅《十万个为什么》、《大百科全书》等。这样既能解决问题，你又可以对孩子说“看多读书就是好啊，”可以让孩子认识到读书的重要性，从而你也可以培养起孩子读书的兴趣。

3.引导宝宝去思考

在孩子提问，你给解答的过程中，也会发展孩子的思维能力。孩子爱问“为什么”，是孩子愿意思考的表现，因此，父母可以先对孩子勤于思考表示认同，同时，既然孩子喜欢思考，就可以鼓励孩子继续思考。

比如，如果孩子问你一个简单的问题，你可以先让孩子想想为什么会是这样呢？可能孩子给出的答案是不合逻辑的，或者是荒谬的，但父母不要嘲笑，而是应该认同孩子的想象力，同时希望他能够找到正确答案。这样，父母既不用被孩子拖入回答问题的循环中，又鼓励了孩子进一步去思考。

当然，孩子寻找答案的能力毕竟有限，因此，父母帮助孩子一起寻找答案，就会更加激励孩子的探索精神。

03 LESSON 文化知识敏感期：汲取各种科学文化知识（6岁以上）

典型现象的捕捉

现象一：爱向父母讨教关于历史、天文、地理、自然等知识

6岁左右的宝宝对天文、地理、历史等知识开始有了浓厚的兴趣，他们喜欢跟父母讨论这些问题，并且喜欢从他们看过的书中得出结论。他们像海绵一样迅速吸收着外界传递来的知识和信息，俨然成了一个好学的科学知识爱好者，宝宝进入了文化敏感期，父母如果没有良好的知识储备有时是很难应付他们的。

现象二：体味传统文化，并且学以致用

在宝宝的文化敏感期，让他去阅读经典启蒙读物，感受中国传统文化的魅力，无疑是一个很好的选择。而很多宝宝也能做到学以致用，把从经典中学到的东西用到生活当中，令家长刮目相看。

比如，本来进别人房间不敲门，拿别人东西也不问的宝宝，最近因为学了《弟子规》，变得懂事起来，他进爷爷房间先敲门，爷爷很惊讶，因为孙子以前都是闯进来的，这次居然这么客气，爷爷问为什么？宝宝回答："《弟子规》上说'将入门，问孰存，将上堂，声必扬。'"爷爷还没反应过来，宝宝接着说："妈妈告诉我，以后进爷爷的房间要敲门。"爷爷正高兴呢，宝宝又说："爷爷，我可不可以看看你的《新华字典》？""可以啊！不用这么客气！"爷爷有点不适应，接着问："这又是《弟子规》上的哪一句？"宝宝振振有词地说："'用人物，须明求'。妈妈说以后想用别人的东西就要经过人家允许，不能随便乱动的。"爷爷真的觉得这些经典让孙子受益无穷。

现象三：倒背如流，却囫囵吞枣

对于经典文学作品，有的宝宝虽然能倒背如流，可是却是囫囵吞枣，完全不理解其中的意思，这跟父母的引导有很大关系。有的父母只是一味地在对孩子进行灌输，他们只要看到自己的孩子能够在哪里都能表演出口成章的"绝技"就很自豪了。

比如，有的妈妈教宝宝读《三字经》时，仅限于宝宝能背得很流利，并且因为这种流利受到了众人的赞许。其实忘了《三字经》作为儒家第一本启蒙读物，是道德、人文、历史、天文、地理、科学的一本小百科，能从多个方面提升宝宝的素质。而且它里面的故事性很容易让宝宝理解并学习，如"融四岁，能让梨，弟于长，宜先知"，让宝宝在孔融让梨的故事中学会尊老爱幼、和睦同辈；还有"首孝悌，次见闻，知某数，识某文"是告诉我们教育孩子的次序应该遵循先提高道德，再增长见识，然后才是学习文化知识。父母只注重知识的灌输，而忘了宝宝品德的教育，本身就是与经典背道而驰的。

现象四：对陌生的外国文化充满好奇并乐于探索

6岁以上的宝宝，对自己生活的国度已经比较熟悉了，而且也在日常生活中学到了不少中国文化。但是对于不怎么接触的外国文化就比较陌生了，于是很容易产生强烈的好奇心和求知欲，从而去关注外国的文学和艺术。

现象五：有时会因为自己的“博学”变得“傲慢”

宝宝们喜欢学习，而且因为喜欢寻根究底，他们认为自己找到了很多对的结论。尤其是在自然科学等方面，他们吸收了大量的知识，加上家长和老师的赞许，他们觉得自己已经很“博学”了，对于与自己意见相左的观点有时会表现得很不耐烦，对于那些错误的观点，他更加表现出“蔑视”的情绪。让他看起来在对待同学甚至长辈的态度上变得傲慢起来。

比如，同学回答错了问题，会私下翻白眼，不爱跟不如自己的小朋友玩，对于爷爷奶奶的“封建迷信”也是不屑一顾，甚至在言行上表现出不尊重。

蒙氏理论解析

在人类精神产品中，文化属于最灿烂的一颗明珠，这颗明珠当然会引起正在探求的儿童的注意。四岁以后的儿童，对文字、算术、科学、艺术会产生极大的兴趣。他们不再像以前那样盲目地问为什么，而是就一个领域的疑惑提出疑问或自己的设想。这一时期，孩子开始有强烈的求知欲和探究欲，观察能力开始成熟，创造性思维萌芽，操作能力、自学能力开始形成，阅读能力和综合知识的学习能力开始形成。

孩子属于人类环境的产物。人类用自己的智慧创造了环境，文化产品是对智慧的表达和记录。儿童的发展使他们会自然地对人类文化发生兴趣，这时成人应该帮助孩子进入到对文化本质的学习和探索，而不是只关注于表面知识的记忆。这个时期，只要儿童对文化探索和学习的兴趣不被破坏，儿童将产生巨大的动力用于学习文化知识。

进入文化知识敏感期的孩子，一旦有机会接触文化科学常识，就像准备吸水的海绵一样，一下子沉浸其中。由于知识的空间是无边无际的，所以，孩子好奇心在得到满足的同时，也会不断被激发出来。于是，孩子在这个阶段就像小科学家一样一边埋头研究，一边打开父母那里的“知识储备”。因此，孩子时而有很多问题向父母讨教，时而像什么都知道了一样，和父母讲个不停。

而每个孩子对自然科学知识的关注点不同，敏感期的持续时间也不同。父母不要嫌孩子没完没了，而应该给孩子提供一个宽阔的平台，让孩子在其中自由成长。当然，孩子在这个敏感期中更需要父母的引导，从而让孩子在这个阶段获得更充沛的营养。

同时，6岁之前是孩子养成习惯的关键时期，父母尽早让孩子接触中国文化，孩子就会尽早在其中吸取营养。父母首先要真正了解中国文化对孩子的意义，了解之后，才能让孩子从博大精深的文化中茁壮成长起来。

另外，这个阶段的孩子原本就对陌生的事物比较感兴趣。当孩子通过电视、书籍、图画等看到国外一些建筑、雕塑、人物都和身边的一切完全不一样时，更是激发了孩子的好奇心，他会特别想知道为什么不一样，也会很想看到更多的不一样。

此时，孩子明显是对外国文化产生了浓厚兴趣，当然，这个时间持续不会太久，因为这是孩子进入另一种文化敏感期的表现。父母应当借着孩子的兴趣，给孩子提供了解和接触外国文化的机会。父母可以给孩子简单地讲解，当然，孩子不一定能够听懂，但是，这正是他丰富词汇和了解西方文化的开始。父母也可以提供一些书籍或读物给孩子，这些资料要符合孩子的接受能力，让孩子自己去感知和体会外国文化的魅力。

家长顺势引导

1.为宝宝创设丰富、适宜的文化环境

可以为宝宝提供照顾动物、植物的机会，让宝宝在观察、体验的过程中学会照顾、了解和尊重、热爱生命，同时通过对动植物的观察掌握有关它们的知识。

还可带宝宝参观博物馆、天文馆、美术馆、动物园、植物园等，让宝宝在参与和感受中得到良好的文化启蒙，并通过这些窗口渗透进历史、人文、科学、美术、动植物等启蒙知识的源源活水，从小打下较为深厚的文化底蕴。

选择将要参观的博物馆应该以宝宝的兴趣和年龄特点来决定：1～2岁在色彩、形状和音效等方面多关注；3～5岁要考虑到展品的形状和功能所具有的直观性，以帮助孩子用具象的方式理解抽象的文化和历史；6～9岁要注意展品之间的文化关联和时间、空间的联系。

参观的同时，让宝宝了解博物馆参观的礼仪，进行礼仪文化的渗透和修养。

2.根据自己宝宝的特点去培养他

由于每个宝宝都是不同的，每个人都有独特的潜能和神经成熟的程序，不可能用同一把尺子去衡量所有宝宝，例如宝宝不会数数，但会唱

歌，就让他唱学数数的歌，很容易就学会数数；他喜欢养花种草，不喜欢乱跑乱跳的小动物，那就让他养一盆属于自己的花。

3.了解并爱上中国文化

中国文化的博大精深可能不是一个人一时能够体会的。父母可以通过直观的方式为宝宝创设机会了解中国茶、中国功夫、中国书法、中国剪纸、中国饮食等，了解祖国博大精深的民族文化的同时，培养宝宝的爱国主义情感。在浓厚的本土文化的熏陶下，宝宝会被它的魅力所吸引，不仅会学习、研究，更会发展和拓展这种文化。

当然，父母自身也要试着接触中国文化，了解文化的精髓，通过诵读经典的方式逐渐明白中国文化对孩子成长的重要意义。孩子在这个阶段不需要精确地知道经典中的含义，这个阶段的读诵主要是培养孩子定力和开发孩子大脑记忆力，以及词汇的储备，同时，也是为孩子今后有正确的人生观、价值观埋下种子。随着孩子年龄增长，生活实践和社会阅历也会随之增加，这个时候孩子自然开始理解儒家经典的含义，并开始真正将经典应用在生活中。

4.让宝宝了解外国文化

当孩子逐渐开始接触各方面的文化知识时，父母可以先从世界地理人手引导孩子进入外国文化。当父母拿着地球仪或世界地图给孩子讲解世界的板块时，孩子就会对各个国家的分布有一个大致的了解，也会对世界有一个基本的印象。当世界各国的国家名称已经是孩子耳熟能详的词汇时，孩子就不会在一接触外国文化的时候感到一头雾水。

父母还要知道6岁多的孩子对外国文化的了解也只是停留在赏析的阶段，只要让孩子看一些外国的绘画作品、各国城市的建筑彩页以及外国自然风光等图片，让孩子从视觉上赏析外国的自然文化和人文文化，孩子会用自己的心灵去感受异国风情的美丽。

另外，旅游是一种了解世界的方法，更是一种生活态度，是拓宽宝宝了解本土及外土文化最好的途径。

5.防止宝宝在这个过程中变得傲慢

当孩子开始通过各种各样的方式了解自然知识，并有机会向父母、老师和同伴展现自己所谓的“博学”时，孩子会不自觉地傲慢起来，甚至会笑话父母“连这么点知识都不知道”。

比如，有的孩子会说：“爷爷奶奶居然说‘天狗吃月亮’，太可笑了！”此时，父母要有所警觉，适当时还要杀一杀孩子的威风。父母可以反问孩子：“你知道‘天狗吃月亮’的传说吗？”

当孩子被难住后，父母要给孩子讲道理，让孩子知道自己才刚刚接触这个世界，不懂的东西会很多，不可以笑话同学，更不能笑话长辈。父母要引导孩子以谦虚的心态和同伴互通有无，教导孩子毫不吝啬地把自己知道的知识告诉别人，其他伙伴也会把自己知道的说出来，这样大家就会共同进步。

游戏活动

纤维的秘密

游戏目的：培养宝宝的思维能力以及观察力，认识简单的科学道理，发展手部精细动作。

游戏玩法：

1.家长教宝宝做纸花：选一些中等厚度的各种颜色的纸，裁成正方形，把纸剪成5小片(注意中间不能剪开)，然后用筷子把各纸片从外往内用力卷起，快到中心时停止，左手固定纸卷，右手把筷子抽出，使纸片形成皱纹，这样就形成了美丽的纸花了。

2.把花放入水盆中，可以发现花瓣慢慢地张开。

3.逐渐张开的花朵会使孩子感到惊奇，会让他觉得就像是真的有生命的花在绽放一样。

4.家长把一朵花从中间切开，一半插在红墨水中，一半插在清水中。

5.插在红墨水的花渐渐变红了，而另一半花颜色没有改变。

6.家长给宝宝讲解纤维的秘密原理，讲纸的主要成分是植物纤维，纤维就是极细小的毛细管，纸遇到水以后，水沿着纸中的毛细管上升，使纤维胀满，于是原来叠上的花瓣就张开了。

提示：操作的过程中要注意把握分寸，避免游戏失败让孩子失去兴趣，游戏结束要将用过的东西收拾好。

举一反三：针对孩子的兴趣方向，设计一些关于天文、地理、物理、化学等方面有趣又简单的小的游戏或小实验，比如制作附近的交通地图、绘制月亮的周期变化图、用蔬菜的横截面沾墨水做印花等等，都可以激发孩子的好奇心和求知欲。

04 LESSON 写作萌芽期：自我心声，自己书写（6岁以上）

典型现象的捕捉

现象一：爱上写日记，用文字表达心声

6岁左右的宝宝已经会写一些字，会用拼音，也阅读了不少书，增长了不少见闻。当他们对所见所闻或生活点滴有感触时，他们已经不能满足于用嘴跟父母去说，而且他们可能也不愿意直接让父母知道有些小心思。于是他们开始选择用写作来表达和记录自己的所见所闻、所思所想。

比如，6岁的宝宝跟父母从动物园回来看到妈妈在写日记，也迫不及待地拿出自己的笔和本子："妈妈，我也要写日记。"妈妈表示赞同，并且教宝宝日记大概有什么格式，不会的字可以用拼音代替。于是母子两人开始记录今天的体会，只见宝宝用稚嫩的字体和拼音写道："今天，我和爸爸妈妈一起去动物园玩。动物园里有老虎、狮子、大象和小猴子，我和它们玩了

很久。下午，我们就回家了。”简单的几行字，表达了孩子内心的喜悦和轻松。妈妈看到宝宝会用日记表达心声了自然也非常高兴。

现象二：表达很直白，缺点一箩筐

刚刚开始写作的宝宝往往字写得不好看，而且东倒西歪一点也不工整，还有就是表达太直白，用词不优美，拼音满纸飞，错字一大堆。可是这就是你的宝宝啊，他刚刚开始写作，有不足的地方再正常不过了，父母这时候要做的是鼓励而不是批评，否则可是会在写作敏感期打击他的积极性的。

蒙氏理论解析

语言能力的发展和阅读能力的提升，让6岁左右的宝宝有了写下一串文字的冲动，特别是他们有了一定的识字、写字和拼音能力，他更是希望自己能发挥一下自己小小的写字水平，表达一下自己内心的感受。

对于孩子这种处于“萌芽期”的写作冲动，父母一定要很好地保护。如果父母总是欣赏孩子的“写作”，孩子就会越加愿意用文字记录自己的心情，如果父母不在乎孩子的表现或者轻视孩子的写作水平，孩子就很容易在这个敏感期中落下写作阴影，而这种阴影日后很长时间都可能无法消除。

因此，无论孩子写得好与坏，至少孩子稚嫩的字体开始呈现在纸面上了，这对孩子来说就是一个小突破和小成长。只要父母正确地引导，孩子会用“写作”充实地度过自己的文化敏感期。

家长顺势引导

1.用欣赏的眼光看待宝宝的大作

尽管处于写作萌芽期的宝宝还不会完整地表达自己的感情，字也写得不够工整，错别字还一大堆。但是，无论孩子的写作水平多么让父母大跌眼镜，父母都不能唉声叹气。因为你要看到进步，你的小宝贝已经会写完整的句子了，甚至有能力表达得更多、更清晰，时间、地点、人物都交代得很清楚……

父母应该看到这些优点，并且对宝宝说出来，只要父母的态度是肯定的，孩子就是受鼓舞的，会认为自己是有能力，他会顺着父母的赞赏继续尝试下去。同时，对于孩子的第一次写作，父母不要过多地纠正孩子，而是应该作为“珍藏”让孩子保留下来，这本身就是在欣赏孩子。当孩子日后逐渐进入写作状态时，父母就可以根据孩子的具体情况来帮助孩子提升。

2.帮宝宝打好拼音基础

由于每个孩子家庭环境不同，孩子的写作敏感期出现的早晚也不同。有的父母有时在孩子早期的教育中加入认字、识字和拼音等内容，这样，孩子写作敏感期一般会提前一些。

但无论怎样，父母要帮助在孩子在6岁左右打下坚实的拼音基础。当孩子一旦愿意用文字记录简单的事情时，就不会因为既写不出文字，又写不出拼音而泄气。

如果让这个年龄的孩子准确得写下大量汉字可能需要一个过程，所以，父母让孩子学好拼音，可以提高孩子的写作兴趣和愿望。因为，拼音也是一种符号，它可以清楚地让孩子的心声留在纸上。

3.不需要刻意学习写作技巧

孩子写作的珍贵就在于朴实和自然，孩子写的一句话，父母可能认为语言过于口语、太“白”，应该加一些优美的形容词才好。其实不然，这个阶段的孩子还没有到用华丽辞藻丰富写作的时候。

何况世界上最好的文章不是以优雅的词汇为背景，而是以真实的感情为基础。只要是孩子自发的写作，一般都是最自然和真切的流露，这本身就是无比宝贵的。因此，父母不需要让6岁的孩子学习过多的写作技巧，而是鼓励他大胆地把自己最想表达的东西记录下来。

当然，如果孩子根本不想写，就是没有在适当的年龄出现写作敏感期，父母也不要逼孩子写东西。父母就让孩子在自己喜欢的时候记录所谓的心情，越朴实越好。

4.为宝宝准备写作工具

宝宝有了将自己的想法和心声书写下来的冲动，作为父母除了高兴和表示支持之外。当然要为宝宝提供良好的书写材料。比如，宝宝喜欢的笔和漂亮的笔记本。

不要因为孩子还不会写或者写不好而随便给他弄一个破本子或者一张纸让他乱写，而是应该给他提供好的书写工具。这样才能让他在思想上引起重视，从而更加认真地去对待写作这件事。他会有意识地写得更加工整，尽量不让自己写错，这对养成他良好的写作习惯是十分有好处的。

附录：0~6岁宝宝智能发展参照表

月龄	大运动	精细动作	适应能力	语言	社交行为人
1个月	拉着手腕可以坐起，头可保持竖直状态片刻(2秒)	触碰手掌，他会紧握拳头	眼睛会跟着红球稍有移动(即可)、听到声音有反应	自己会发出细小声音	眼睛跟踪走动的人
2个月	拉着手腕可以坐起，头可保持竖直状态短时(5秒)	俯卧时头可抬离床面，拨浪鼓在手中能握片刻	立刻注意大玩具	能发出a、o、e等元音	逗引时有反应
3个月	俯卧时可抬头45°、抱直时头稳	两手可握在一起，拨浪鼓在手中能握0.5秒	眼睛跟红色的球可转180°	笑出声	模样灵敏、见人会笑
4个月	俯卧时可抬头90°，扶腋可站片刻	摇动并注视拨浪鼓	偶然注意响动、找到声源	高声叫、咿呀作声	认识熟悉的亲人
5个月	轻拉腕部即可坐起，独坐，头身向前倾	抓住近处玩具	拿住一块积木并注视另一块积木	对人或物能发声	见到食物兴奋
6个月	俯卧翻身	会撕纸、会去拿桌上的积木	两手同时拿住两块积木、玩具掉了会找	叫名字转头	自己吃饼干、会找藏猫猫(手绢挡脸)的人的脸
7个月	可以自如地独自坐着	自己取一块积木，再取另一块	积木换手、伸手够远处玩具	发da-da、ma-ma音，但没有所指	对着镜子会有反应、能分辨出生人

月龄	大运动	精细动作	适应能力	语言	社交行为人
8个月	双手扶着东西可站立	拇指、无名指捏住小球(直径0与厘米);手中拿两块积木,并试图取第三块积木(正方形,边长2厘米)	持续用手追逐玩具、有意识地摇铃	模仿声音	懂得成人面部表情
9个月	会爬、拉双手会走	拇指、食指能捏住小球	从杯中取出积木(正方形,边长2厘米)、积木对敲	会欢迎、再见(手势)	表示不要
10个月	会拉住栏杆站起身、扶住栏杆可以走	拇指、食指的动作熟练	拿掉扣住积木的杯子,并玩积木;找盒内的东西	模仿发语声	懂得常见物及名称、会表示
11个月	扶物、蹲下取物;独站片刻	打开包积木的纸	积木放入杯中;模仿推玩具小车	有意识地发一个字音	懂得“不”;模仿拍娃娃
12个月	独自站立稳;牵一只手可以向前走	试把小球投入小瓶;会握笔并能画出线	盖瓶盖	叫妈妈、爸爸有所指;向他要东西知道给	穿衣时知道配合
15个月	独走自如	自发乱画、从瓶中拿到小球(不能提示“倒出”)	翻书两次、盖上圆盒	会听指示指出眼耳鼻口手(5个指出3个即可);说3~5个字(知道意思,“爸”、“妈”除外)	会脱袜子(脱下而非拉下)

月龄	大运动	精细动作	适应能力	语言	社交行为人
18个月	扔球无方向	模仿画道道	积木搭高四块	懂得三个投向(站三个不同方向，向他要东西)，说出10个字(知道意思，"爸"、"妈"除外)	白天会控制大小便
21个月	会脚尖走、扶墙上楼	玻璃丝穿过扣眼	积木搭高7～8块	回答简单问题，说3～5个字的句子	开口表示个人需要
24个月	双足跳离地面	玻璃丝穿过扣眼并拉住线	一页页翻书；将圆、方、三角放入准确放入相同形状的空格	能说两句以上歌谣；会问："这是什么？"	会说常见物的用途
27个月	独自上楼、独自下楼	模仿画竖道	认识大小	会说8～10个字的句子	会脱单衣或裤子，开始有是非观念
30个月	独脚站2秒	模仿用积木搭桥、穿扣子3～5个	知道数字1与许多的区别，知道红色	看图说出物体的名称10个	用两个杯子来回倒水不洒
33个月	会立定跳远	模仿画圆	懂得"里"、"外"；积木搭高10块	说出人物性别；连续执行三个命令(擦桌、摇铃、搬凳)	会穿鞋，会解扣子
36个月	两脚交替跳	折纸边角整齐(长方形)，模仿画十字	认识两种颜色，懂得"2"	懂得"冷了"、"累了"、"饿了"	会扣扣子

月龄	大运动	精细动作	适应能力	语言	社交行为人
42个月	两脚交替上楼，并足从楼梯末级跳下	模仿画正方形	懂得“5”，说出图形名称(△○□)	会在示范后说出至少一个反义词	会穿上衣
48个月	独脚站5秒	会画人像的三个部位	会拼圆形(四个1／4圆)、正方形(两个正三角)	知道苹果一刀切开有几块，说出4个反义词	能回答：吃饭前为什么要洗手
54个月	独脚站立10秒，足尖对脚跟向前走2米	能用筷子夹花生米	可拼圆形4片拼图	会数手指；能说出衣服、钟、眼睛的作用(3个说对2个即可)	认识红、黄、绿、蓝四种颜色
60个月	能接球	会画人像的7个部位	可看图回答简单问题	会认10以内的数字；能说出两种圆形的东西	能说出桌子、鞋、房子是用什么做的
66个月	足尖对足跟向后走2米	画人像10个部位	知道左右；会拼长方形(两片直角三角形)	能回答：你姓什么；能回答：为什么要上班?窗户的作用?苹果、香蕉的共同点	能回答：你家住哪。可以做简算术题：2+3=？5–2=？
72个月	拍球两下	会拼小人(头、胳膊、身子、腿)，会写自己的名字	能回答：在雨下看书对吗；懂得星期几的概念	一年有哪四个季节？什么动物没有脚？	能回答：你捡到钱包怎么办？为什么要走人行横道？